यथा पिण्डे तथा ब्रह्माण्डे

# ज्योतिष और वास्तु एक अनकहा सत्य

A Philosophical Exploration of Karma, Astrology and Vastu

आचार्य डॉ. महेंद्र सिंह गोले



notionpress.com

INDIA · SINGAPORE · MALAYSIA

ISBN 979-8-90479-508-5

## Disclaimer

This book is written for educational, philosophical, and awareness-building purposes only.

The discussions on Vastu and Jyotish presented herein are intended to promote understanding, reflection, and responsible application. They are not intended as a substitute for professional medical, legal, psychological, architectural, or financial advice.

The author does not claim that Vastu or Jyotish can cure diseases, replace medical treatment, or determine absolute outcomes. Readers are advised to exercise personal judgment, ethical responsibility, and professional consultation where appropriate.

## Philosophical Note

Vastu and Jyotish are presented in this book as guiding sciences, not deterministic systems. They are meant to assist awareness, not to generate fear or dependency.

# अनुक्रमणिका

### भाग 4. प्रारब्ध का रहस्य



### भाग 5. ज्योतिष: संकेत, नियंत्रण नहीं



### भाग 6. वास्तु: स्थान और मन की संरचना



### भाग 7. आधुनिक भ्रम और सुधार



### भाग 8. संरचना से चेतना तक

# पाठकों के लिए एक निवेदन

यह पुस्तक सरसरी दृष्टि से पढ़ने, बीच-बीच में देखने या खंडों में समझने के लिए नहीं लिखी गई है। इसका प्रत्येक अध्याय पूर्ववर्ती अध्याय पर आधारित है। प्रारंभ में प्रस्तुत विचार आगे चलकर दोहराए नहीं गए हैं, बल्कि उन्हें और गहराई दी गई है। यदि बीच के पृष्ठ छोड़ दिए जाते हैं, तो आगे के विचार अधूरे, कठोर या कभी-कभी विरोधाभासी भी प्रतीत हो सकते हैं—जबकि वास्तविकता में ऐसा नहीं है।

यह सब जानबूझकर किया गया है।

समझ अलग-अलग वाक्यों से नहीं आती; वह क्रमिक रूप से विकसित होती है—संदर्भ, तुलना और चिंतन के माध्यम से। चयनात्मक पढ़ाई सूचना तो दे सकती है, परंतु सम्यक् बोध नहीं।

अतः यह पुस्तक पाठक से केवल एक साधारण अनुशासन की अपेक्षा करती है—

इसे क्रमबद्ध पढ़ा जाए।

यह आग्रह लेखक का नहीं, विषय का है।

वास्तु और ज्योतिष को आज तक मुख्यतः इसलिए गलत समझा गया है क्योंकि उन्हें खंडों में पढ़ा गया—ग्रंथों को, परंपराओं को

और जीवन को भी। यह पुस्तक इसके विपरीत पद्धति अपनाती है। यह क्रमशः आगे बढ़ती है—पहले भय को दूर करती है, फिर उसके स्थान पर स्पष्टता स्थापित करती है।

यदि आप शीघ्रता में आगे बढ़ेंगे, तो कुछ आवश्यक छूट जाएगा—पृष्ठों में नहीं, आपकी समझ में।

धीरे पढ़ें।

पूर्णतः पढ़ें।

प्रत्येक विचार को आत्मसात् होने दें, फिर आगे बढ़ें।

तभी इस ग्रंथ में प्रस्तुत तर्क और विचार अपनी पूर्णता में प्रकट होंगे।

**– आचार्य डॉ. महेंद्र सिंह गोले**

# लेखक परिचय

**आचार्य डॉ. महेंद्र सिंह गोले** एक विद्वान, लेखक और वास्तु एवं ज्योतिष के व्यावहारिक अध्येता हैं, जो भारतीय पारंपरिक ज्ञान-परंपरा के प्रति अपने तार्किक, भय-मुक्त और नैतिक दृष्टिकोण के लिए जाने जाते हैं। शास्त्रीय ग्रंथों के गहन अध्ययन के साथ-साथ आधुनिक वैज्ञानिक और मनोवैज्ञानिक दृष्टि से उनके जुड़ाव ने उनके कार्य को संतुलित, स्पष्ट और समकालीन बना दिया है।

**डॉ. गोले** का मुख्य उद्देश्य उन विषयों में संतुलन और स्पष्टता स्थापित करना है, जिन्हें प्रायः अंधविश्वास और भय के माध्यम से प्रस्तुत किया जाता है।

वर्षों से उन्होंने हिंदी समाचार-पत्रों में नियमित रूप से लेखन किया है, जिनमें वास्तु, ज्योतिष, नक्षत्र और भाग्य से जुड़ी जनसामान्य की भ्रांतियों का तार्किक विश्लेषण प्रस्तुत किया गया है। उनके लेख भय-आधारित व्याख्याओं को चुनौती देते हैं और समझ, संदर्भ तथा मानवीय उत्तरदायित्व पर बल देते हैं।

वे त्वरित उपायों या सनसनीखेज भविष्यवाणियों के स्थान पर विवेक (विवेक) और सजग कर्म (कर्म) को प्राथमिकता देते हैं।

डॉ. गोले का दृष्टिकोण वेद, उपनिषद, पुराण, वास्तु शास्त्र और ज्योतिष के सिद्धांतों के सूक्ष्म अध्ययन पर आधारित है, जिसे वे

आधुनिक मनोविज्ञान, पर्यावरण और मानवीय व्यवहार की समझ के साथ जोड़ते हैं। उनका स्पष्ट मत है कि वास्तु और ज्योतिष नियतिवादी (deterministic) तंत्र नहीं हैं, बल्कि ऐसे मार्गदर्शक विज्ञान हैं, जो चेतना को जाग्रत करते हैं—न कि प्रयास और निर्णय का स्थान लेते हैं।

इस पुस्तक "**ज्योतिष और वास्तु -एक अनकहा सत्य**" में डॉ. गोले ने अपने दीर्घकालिक अवलोकन, सामाजिक संवाद और चिंतनशील अध्ययन को एक समग्र रूप में प्रस्तुत किया है। उनका कार्य उन पाठकों के लिए है जो अंधविश्वास के स्थान पर गहराई चाहते हैं, भय के स्थान पर स्पष्टता, और मान्यता के स्थान पर वास्तविक समझ।

ॐ

# समर्पणम्

न मम।

यत्किञ्चिद् ज्ञानम्, यत्किञ्चिद् विवेकः,यत्किञ्चिद् चिन्तनस्य प्रकाशः —
तत्सर्वं न मम।

तत्सर्वं गुरूणां कृपया, संस्काराणां छायया, मातृ-पितृ-आशीर्वादेन च
सम्भवम्।

अतः एषः विनम्रः प्रयासः
समर्पितः —

स्वर्गीय पूज्य पितृदेव **श्री केशरी लाल आर्य** तथा परमादरणीया मातृदेवी
**श्रीमती भगवान दई**

याभ्यां जीवनं, संस्काराः, धैर्यं च प्राप्तम्।
ययोः मौनं अपि शिक्षारूपेण अनुभूतम्।
ताभ्यां सादरं, साश्रु, सप्रेम नमः।
॥ ॐ शान्तिः शान्तिः शान्तिः ॥

: स्वर्गीय पूज्य पितृदेव
**श्री केशरी लाल आर्य**

: परमादरणीया मातृदेवी
**श्रीमती भगवान दई**

# प्रस्तावना

यह पुस्तक न तो आस्था को चुनौती देने के लिए लिखी गई है, और न ही किसी आस्था को स्थापित करने के लिए।

यह लिखी गई है—**समझ को पुनः स्थापित करने के लिए।**

वर्षों तक वास्तु और ज्योतिष का अध्ययन, अभ्यास और लेखन करते हुए मैंने एक सूक्ष्म किंतु निरंतर परिवर्तन को देखा। जो ज्ञान कभी प्रकाश देने के लिए था, वह धीरे-धीरे भय उत्पन्न करने लगा। जो मार्गदर्शन था, वह निर्णय में बदलने लगा। जो प्रतीक थे, वे मानो अंतिम निर्णय (verdict) की तरह व्यवहार करने लगे। स्पष्टता के स्थान पर भय प्रमुख भाव बन गया।

यह पुस्तक उसी परिवर्तन का उत्तर है।

**"ज्योतिष और वास्तु — एक अनकहा सत्य"** इन विषयों के प्रभाव को नकारती नहीं है, और न ही परंपरा को अस्वीकार करती है। बल्कि यह उन्हें उनके दार्शनिक आधार पर पुनः स्थापित करती है—जहाँ जागरूकता, चिंता से अधिक महत्वपूर्ण है; जहाँ नैतिकता, भविष्यवाणी से अधिक मूल्यवान है; और जहाँ मनुष्य की बुद्धि को कभी भी प्रतीकों के अधीन नहीं किया जाता।

आगे के अध्याय जानबूझकर चिंतनशील बनाए गए हैं। वे किसी त्वरित समाधान का आश्वासन नहीं देते। वे चमत्कारों का वादा

नहीं करते। वे पाठक को आमंत्रित करते हैं—धीरे पढ़ने के लिए, गहराई से सोचने के लिए, और यह समझने के लिए कि प्रभाव और अनिवार्यता में क्या अंतर है, मार्गदर्शन और नियंत्रण में क्या भेद है।

यह पुस्तक शीघ्रता से पढ़ने के लिए नहीं है।

यह पुस्तक संवाद के लिए है।

यदि यह पुस्तक सफल होती है, तो यह आपको वास्तु और ज्योतिष पर अधिक निर्भर नहीं बनाएगी। बल्कि यह आपको भय से मुक्त, विचारशील और उत्तरदायी बनाएगी—इन विषयों के प्रति भी, और जीवन के प्रति भी।

# आभार

भय पर प्रश्न उठाने वाली कोई भी कृति एकांत में नहीं रची जाती।

मैं भारतीय शास्त्रीय परंपरा के प्रति कृतज्ञ हूँ—उसे किसी अचूक प्रामाणिकता के रूप में नहीं, बल्कि एक जीवंत विचार-परंपरा के रूप में, जिसने **विवेक**, **संवाद** और **नैतिकता** को सदैव सर्वोपरि स्थान दिया। इस ग्रंथ में जो भी स्पष्टता और संतुलन उपस्थित है, वह उसी गहन बौद्धिक धारा का प्रसाद है।

**"न हि ज्ञानेन सदृशं पवित्रमिह विद्यते।"**[1]

मैं उन पाठकों का विशेष आभारी हूँ, जिन्होंने मेरे समाचार-पत्रों में प्रकाशित लेखों को पढ़ते हुए निःसंकोच, ईमानदार और कभी-कभी असहज प्रश्न पूछे। उन्हीं प्रश्नों ने यह उद्‌घाटित किया कि भय शास्त्रों में नहीं, बल्कि उनकी अपूर्ण अथवा विकृत व्याख्याओं में निवास करता है। यह पुस्तक उन प्रश्नों का उत्तर देने का एक विनम्र प्रयास है, जो केवल समाधान नहीं, बल्कि समझ की अपेक्षा रखते थे।

मैं उन सभी जिज्ञासुओं का अभिनंदन करता हूँ, जिन्होंने अंधानुकरण के स्थान पर विचार को चुना, और उन साधकों का, जो निश्चितता से

[1] भगवद्गीता 4.38

अधिक उत्तरदायित्व को महत्व देते हैं। उनकी उपस्थिति इस सत्य की पुष्टि करती है कि परंपरा भय से नहीं, बल्कि सत्यनिष्ठा और सजगता से जीवित रहती है।

**"विवेकः खलु मनुष्याणां मार्गदर्शी भवति।"**[2]

अंततः, यह कृति उन पाठकों को अर्पित है, जो अधीरता के स्थान पर धैर्य को, परंपरा के स्थान पर प्रश्न को, और भय के स्थान पर समझ को चुनते हैं।

[2] परंपरागत उक्ति

# भूमिका

## भय और पवित्र ज्ञान का दुरुपयोग

इतिहास की दृष्टि से देखा जाए तो वास्तु और ज्योतिष का उद्भव मार्गदर्शक विज्ञानों के रूप में हुआ था—ऐसे अनुशासन, जो मनुष्य को प्रकृति, ब्रह्मांडीय लय और नैतिक व्यवस्था के साथ अपने जीवन को संतुलित करने में सहायक थे। इनका उद्देश्य जीवन को नियंत्रित करना नहीं, बल्कि उसे समझना और उसके साथ समन्वय स्थापित करना था।

**"समत्वं योग उच्यते।"[3]**

किन्तु आधुनिक समय में इन विज्ञानों की व्याख्या अनेक स्थानों पर भय-आधारित कथनों तक सीमित कर दी गई है—

- "यह दिशा अशुभ है।"
- "यह ग्रह आपको हानि पहुँचा रहा है।"
- "आपका भाग्य निश्चित है और उससे बचा नहीं जा सकता।"

[3] भगवद्गीता 2.48

ऐसी धारणाएँ न केवल भ्रामक हैं, बल्कि भारतीय ज्ञान-परंपरा के मूल दार्शनिक आधार के भी विपरीत हैं। वे शास्त्रों के उद्देश्य को सीमित करती हैं और मनुष्य को उसके अपने विवेक से दूर ले जाती हैं।

वास्तव में, इन शास्त्रों का मूल उद्देश्य भय उत्पन्न करना नहीं, बल्कि जागरूकता का विकास करना था। वे मनुष्य को बंधन में रखने के लिए नहीं, बल्कि उसे संतुलन, स्पष्टता और उत्तरदायित्व की ओर अग्रसर करने के लिए निर्मित हुए थे।

**"असतो मा सद्गमय, तमसो मा ज्योतिर्गमय।"**[4]

यह पुस्तक इन्हीं विकृत धारणाओं को चुनौती देती है और वास्तु तथा ज्योतिष को उनके वास्तविक स्वरूप में पुनः स्थापित करने का प्रयास करती है—ऐसे साधन के रूप में, जो चेतना को जागृत करते हैं, विवेक को प्रबल करते हैं, और जीवन को भय से नहीं, समझ से संचालित करने की दिशा प्रदान करते हैं।

[4] बृहदारण्यक उपनिषद् 1.3.28

भाग १

# जब मनुष्य ने आकाश से प्रश्न किया

# अध्याय 1

# जब मनुष्य ने पहली बार तारों को पढ़ा-जिज्ञासा से संरचना तक की यात्रा

## आकाश की ओर उठी पहली दृष्टि

मानव सभ्यता की वास्तविक शुरुआत उस दिन नहीं हुई जब उसने औज़ार बनाए, बल्कि उस रात हुई जब उसने आकाश को देखा और कुछ क्षणों के लिए मौन रह गया। तारों से भरे उस अनंत विस्तार ने उसके भीतर केवल आश्चर्य नहीं जगाया, बल्कि एक प्रश्न जगाया—क्या यह सब केवल बिखराव है, या इसके पीछे कोई अदृश्य व्यवस्था कार्य कर रही है? यही प्रश्न मानव चेतना का प्रथम कंपन बना और इसी जिज्ञासा से ज्ञान की पहली ज्योति प्रज्वलित हुई।

ज्योतिष का जन्म भविष्य जानने की अधीर इच्छा से नहीं हुआ, बल्कि उस गहरे प्रयास से हुआ जिसमें मनुष्य ने सृष्टि की लय को समझने की कोशिश की। जब उसने देखा कि सूर्य प्रतिदिन उदित होता है, चंद्रमा क्रमशः बढ़ता और घटता है, ऋतुएँ अपने निश्चित क्रम में लौटती हैं और बीज अपने समय पर अंकुरित होते हैं, तब उसने अनुभव किया कि प्रकृति में संयोग नहीं, बल्कि एक अदृश्य अनुशासन कार्य कर रहा है। वही अनुशासन काल है, और वही काल सृष्टि का मौन नियामक है।

## कालः जो केवल बीतता नहीं, रचता भी है

सनातन परंपरा में काल को मात्र समय की इकाई नहीं माना गया, बल्कि उसे सृष्टि की गति, परिवर्तन की निरंतरता और अनुभवों की परिपक्वता का माध्यम समझा गया। **"कालो हि दुरतिक्रमः"**—काल का अतिक्रमण संभव नहीं; यह वाक्य भय नहीं, बल्कि एक गहरी स्वीकृति का संकेत देता है कि जीवन एक व्यवस्था के भीतर घटित हो रहा है।

वेदांग ज्योतिष का उद्देश्य किसी व्यक्ति का भाग्य निर्धारित करना नहीं था, बल्कि जीवन को काल की धारा के साथ संयोजित करना था। यज्ञ का समय, कृषि का समय, उत्सव का समय—सब कुछ काल की गणना के आधार पर निर्धारित होता था, पर यह निर्धारण बंधन नहीं था, बल्कि सामंजस्य था। जहाँ काल को समझा गया, वहाँ जीवन सहज हुआ; जहाँ उसे अनदेखा किया गया, वहाँ असंतुलन प्रकट हुआ। इस दृष्टि में ज्योतिष चमत्कार नहीं, बल्कि अनुशासन है।

## ऋषिः साधना और अवलोकन का संगम

ऋषि केवल तपस्वी नहीं थे, वे सूक्ष्म अवलोकन के आचार्य थे। उन्होंने आकाश की गति को देखा, ग्रहों के चक्र को समझा और वर्षों तक जीवन के अनुभवों के साथ उनका संबंध स्थापित किया। उनका उद्देश्य नियंत्रण नहीं था, बल्कि उस संबंध को पहचानना था जो मनुष्य और प्रकृति के बीच निरंतर कार्य कर रहा है।

उन्होंने यह जाना कि मनुष्य प्रकृति से पृथक नहीं है। जिस प्रकार चंद्रमा समुद्र की लहरों को प्रभावित करता है, उसी प्रकार वह मन की सूक्ष्म तरंगों को भी स्पर्श कर सकता है। परंतु उन्होंने कभी यह नहीं कहा कि ग्रह मनुष्य को बाध्य करते हैं। यहीं एक गहरी समझ जन्म लेती है—प्रभाव को भाग्य मान लेना अज्ञान है,

और प्रभाव को संकेत समझना विवेक है। यही अंतर ज्योतिष को विज्ञान की भूमि पर स्थिर करता है और उसे अंधविश्वास से अलग करता है।

## संरचना और स्वतंत्रता का संतुलन

समय के साथ एक महत्वपूर्ण भ्रम उत्पन्न हुआ—संकेत को आदेश मान लिया गया और प्रवृत्ति को नियति समझ लिया गया। परंतु सनातन दर्शन इस अतिशयता को स्वीकार नहीं करता। भगवद्गीता का स्पष्ट उद्‌घोष है— **"कर्मण्येवाधिकारस्ते मा फलेषु कदाचन"**, अर्थात् मनुष्य का अधिकार कर्म पर है, फल पर नहीं।

यह केवल कर्म का उपदेश नहीं, बल्कि स्वतंत्रता का उद्‌घोष है। जीवन में कुछ तत्व ऐसे हैं जो हमारे नियंत्रण से बाहर हैं, और कुछ ऐसे हैं जो पूर्णतः हमारे हाथ में हैं। जीवन इन्हीं दोनों के बीच संतुलन है। यदि सब कुछ पूर्वनिर्धारित होता, तो पुरुषार्थ का कोई अर्थ न रहता; और यदि सब कुछ मनुष्य के नियंत्रण में होता, तो दैव की कोई भूमिका न होती। इसलिए संरचना बंधन नहीं, दिशा है।

## वास्तुः जब स्थान भी चेतना को छूता है

ज्योतिष जहाँ आकाश की गति को समझता है, वहीं वास्तु पृथ्वी की संरचना को समझने का प्रयास करता है। प्राचीन मनीषियों ने अनुभव किया कि स्थान केवल भौतिक नहीं होता; वह मन और व्यवहार को प्रभावित करता है। प्रकाश, वायु, दिशा और अनुपात—ये सभी तत्व चेतना पर सूक्ष्म प्रभाव डालते हैं।

यदि स्थान संतुलित हो, तो मन स्थिर होता है; यदि स्थान असंतुलित हो, तो मन विचलित हो सकता है। वास्तु का उद्देश्य भाग्य बदलना नहीं था, बल्कि स्थान और चेतना के बीच संतुलन स्थापित करना

था। यह रहस्य नहीं, बल्कि संवेदनशीलता है; यह जादू नहीं, बल्कि व्यवस्था की समझ है।

### भय: जब ज्ञान अधूरा रह जाता है

जहाँ ज्ञान अपूर्ण होता है, वहाँ भय प्रवेश करता है। जब गणना की जगह अनुमान ने ले ली और संतुलन की जगह आशंका ने, तब ज्योतिष और वास्तु का स्वर बदल गया। जहाँ शास्त्र संकेत देते थे, वहाँ कठोर निर्णय घोषित किए जाने लगे।

परंतु मूल परंपरा में भय का कोई स्थान नहीं था। वहाँ यह स्पष्ट समझ थी कि जीवन नियम से चलता है, पर नियम दंड देने के लिए नहीं, संतुलन बनाए रखने के लिए होते हैं। इस अंतर को समझे बिना इन प्रणालियों का मूल्यांकन अधूरा रहेगा।

### मूल सिद्धांत (संक्षेप में)

- ब्रह्मांड नियम से संचालित है
- मनुष्य उस नियम से जुड़ा हुआ है
- कर्म प्रतिक्रिया उत्पन्न करता है
- चेतना प्रतिक्रिया को दिशा देती है

यह भाग्यवाद नहीं, बल्कि संतुलन का दर्शन है।

### आधुनिक संदर्भ: वही प्रश्न, नई दृष्टि

आज का मनुष्य तकनीकी रूप से प्रगतिशील है, पर उसके मूल प्रश्न अभी भी वही हैं। प्रयास के बाद भी परिणाम क्यों बदल जाते हैं? समान परिस्थिति में दो व्यक्तियों की प्रतिक्रिया अलग क्यों होती है?

ज्योतिष और वास्तु का आधुनिक पुनर्पाठ इन्हीं प्रश्नों की ओर लौटना है। यदि इन्हें भय से मुक्त कर संरचना की दृष्टि से समझा जाए, तो वे आत्मचिंतन के गहरे साधन बन सकते हैं। ग्रह आदेश नहीं देते, वे प्रवृत्तियों का संकेत करते हैं; दिशा निर्णय नहीं करती, वह केवल व्यवस्था सुझाती है।

## निष्कर्ष: जिज्ञासा ही पहला साहस है

जब मनुष्य ने पहली बार तारों को देखा, उसने भाग्य नहीं खोजा—उसने व्यवस्था को पहचाना। उसी पहचान से ज्ञान उत्पन्न हुआ, उसी ज्ञान से शास्त्र बने और उन्हीं शास्त्रों से परंपरा विकसित हुई। समय के साथ विकृतियाँ अवश्य आईं, पर मूल भाव आज भी जीवित है।

ज्योतिष और वास्तु का सार नियंत्रण में नहीं, समझ में है। जीवन पूर्णतः हमारे अधिकार में नहीं है, पर पूर्णतः हमारे विरुद्ध भी नहीं है। संरचना को समझना ही पहला साहस है, और वही साहस आत्मबल का प्रारंभ है।

यह केवल आरंभ है। आगे की यात्रा आपको केवल उत्तर नहीं देगी, बल्कि आपके भीतर ऐसे प्रश्न भी जागृत करेगी जो आपको स्वयं के और अधिक निकट ले जाएँगे। क्योंकि अंततः सत्य बाहर नहीं, भीतर प्रकट होता है।

मानव सभ्यता की वास्तविक शुरुआत उस दिन नहीं हुई जब उसने औज़ार बनाए, बल्कि उस रात हुई जब उसने आकाश को देखा और मौन रह गया। तारों से भरे अनंत विस्तार को देखकर मनुष्य के भीतर एक प्रश्न उठा — क्या यह सब बिखराव है, या किसी अदृश्य व्यवस्था का संकेत? इसी प्रश्न ने ज्ञान की पहली ज्योति प्रज्वलित की। ज्योतिष का जन्म भविष्य जानने की

अधीर इच्छा से नहीं, बल्कि व्यवस्था को समझने की जिज्ञासा से हुआ। जब मनुष्य ने देखा कि सूर्य प्रतिदिन उदित होता है, चंद्रमा क्रमशः बढ़ता और घटता है, ऋतुएँ लौटती हैं और बीज अंकुरित होते हैं, तब उसने अनुभव किया कि प्रकृति में संयोग नहीं, लय है। यह लय ही काल है, और काल ही सृष्टि का अनुशासन।

## काल: केवल समय नहीं, एक संरचना

सनातन परंपरा में काल को मात्र घड़ी की माप नहीं माना गया। काल सृष्टि की गति है, परिवर्तन की निरंतरता है, और अनुभवों की परिपक्वता है। वेदांग ज्योतिष का मूल उद्देश्य किसी व्यक्ति का भाग्य निर्धारित करना नहीं था; उसका उद्देश्य था जीवन को काल की धारा के साथ संयोजित करना। यज्ञ, कृषि, उत्सव और सामाजिक व्यवस्था — सब कुछ काल की गणना पर आधारित था। यह गणना भय उत्पन्न करने के लिए नहीं, संतुलन स्थापित करने के लिए थी। जहाँ काल को समझा गया, वहाँ जीवन सहज हुआ; जहाँ उसे अनदेखा किया गया, वहाँ असंतुलन प्रकट हुआ। इस दृष्टि में ज्योतिष कोई चमत्कार नहीं, बल्कि अनुशासन है।

## ऋषि: साधना और अवलोकन का संगम

ऋषि केवल तपस्वी नहीं थे; वे सूक्ष्म पर्यवेक्षक थे। उन्होंने आकाश की गति को देखा, ग्रहों की स्थिति को परखा और वर्षों तक अनुभवों का तुलनात्मक अध्ययन किया। उनका उद्देश्य नियंत्रण नहीं, संबंध की पहचान था। वे जानते थे कि मनुष्य प्रकृति से पृथक नहीं है। जिस प्रकार चंद्रमा समुद्र की लहरों को प्रभावित करता है, उसी प्रकार मन की तरंगों पर भी उसका सूक्ष्म प्रभाव संभव है। प्रभाव को भाग्य मान लेना भूल है; प्रभाव को संकेत समझना विवेक है। यही अंतर ज्योतिष को विज्ञान की भूमि पर स्थिर करता है और अंधविश्वास से अलग करता है।

## संरचना और स्वतंत्रता का संतुलन

समय के साथ एक भ्रम उत्पन्न हुआ। संकेत को आदेश मान लिया गया और प्रवृत्ति को नियति समझ लिया गया। परंतु सनातन दर्शन पूर्ण नियतिवाद को स्वीकार नहीं करता। भगवद्गीता में कर्म, कर्ता, करण और दैव — सभी का समन्वय बताया गया है। यदि सब कुछ पूर्वनिर्धारित होता, तो पुरुषार्थ का कोई अर्थ न रहता; और यदि सब कुछ मनुष्य के नियंत्रण में होता, तो दैव की कोई भूमिका न होती। जीवन सीमाओं के भीतर घटित होता है, पर उन सीमाओं के भीतर निर्णय की स्वतंत्रता रहती है। संरचना बंधन नहीं, दिशा है।

## वास्तुः पृथ्वी के साथ सामंजस्य

ज्योतिष जहाँ आकाश की गति को समझता है, वहीं वास्तु पृथ्वी की संरचना को। प्राचीन मनीषियों ने देखा कि प्रकाश, वायु, दिशा और अनुपात का प्रभाव मनोस्थिति पर पड़ता है। वास्तु का उद्देश्य भाग्य बदलना नहीं था, बल्कि स्थान और चेतना के बीच संतुलन स्थापित करना था। यदि घर का केंद्र खुला हो, यदि प्रकाश का प्रवाह संतुलित हो, यदि दिशाओं का उपयोग स्वाभाविक हो — तो मन में स्थिरता आती है। यह रहस्य नहीं, पर्यावरणीय संवेदनशीलता है। आधुनिक मनोविज्ञान भी स्वीकार करता है कि परिवेश का प्रभाव व्यवहार पर पड़ता है। इस दृष्टि से वास्तु कोई जादू नहीं, बल्कि अनुपात और व्यवस्था की समझ है।

## भय का प्रवेश और ज्ञान का विकार

जहाँ ज्ञान अधूरा होता है, वहाँ भय जन्म लेता है। जब गणना की जगह अनुमान और संतुलन की जगह आशंका ने ले ली, तब ज्योतिष और वास्तु का स्वर बदल गया। शास्त्रों में जहाँ संकेत थे, वहाँ कठोर निर्णय घोषित किए जाने लगे। परंतु मूल परंपरा में भय

का स्थान नहीं था। वहाँ यह समझ थी कि जीवन नियम से चलता है, पर नियम दंड देने के लिए नहीं, संतुलन बनाए रखने के लिए हैं। इस भेद को समझे बिना इन प्रणालियों का मूल्यांकन अधूरा रहेगा।

## चार आधारभूत सिद्धांत

प्राचीन दृष्टि को संक्षेप में चार बिंदुओं में समझा जा सकता है:

- ब्रह्मांड नियम से संचालित है।
- मनुष्य उस नियम से जुड़ा हुआ है।
- कर्म प्रतिक्रिया उत्पन्न करता है।
- चेतना प्रतिक्रिया को दिशा देती है।

इन सिद्धांतों में कहीं भी भाग्यवाद की घोषणा नहीं है। यहाँ संतुलन का दर्शन है।

## आधुनिक संदर्भ में पुनर्पाठ

आज का मनुष्य तकनीकी रूप से प्रगतिशील है, पर अस्तित्व के प्रश्न अभी भी वही हैं। प्रयास के बाद भी परिणाम क्यों बदल जाते हैं? समान परिस्थिति में दो व्यक्तियों की प्रतिक्रिया अलग क्यों होती है? ज्योतिष और वास्तु का आधुनिक पुनर्पाठ इन्हीं प्रश्नों की ओर लौटना है। यदि इन्हें भय से मुक्त कर संरचना की दृष्टि से समझा जाए, तो वे आत्मचिंतन के साधन बन सकते हैं। ग्रह आदेश नहीं देते; वे प्रवृत्तियों का संकेत करते हैं। दिशा निर्णय नहीं करती; वह केवल व्यवस्था सुझाती है।

## निष्कर्ष: जिज्ञासा से स्पष्टता तक

जब मनुष्य ने पहली बार तारों को पढ़ा, उसने भाग्य की खोज नहीं की; उसने व्यवस्था को पहचाना। उस पहचान से शास्त्र बने, और शास्त्रों से परंपरा। समय के साथ विकृति आई, पर मूल भाव आज भी जीवित है। ज्योतिष और वास्तु का सार नियंत्रण में नहीं, समझ में है। जीवन पूर्णतः हमारे अधिकार में नहीं, पर पूर्णतः हमारे विरुद्ध भी नहीं। संरचना को समझना ही पहला साहस है, और साहस ही आत्मबल का प्रारंभ।

यह अध्याय केवल आरंभ है। आगे की यात्रा कर्म, प्रारब्ध और चेतना के गहन आयामों को उजागर करेगी, ताकि पाठक भय से नहीं, स्पष्टता से आगे बढ़ सके।

# अध्याय २

# वेदांग ज्योतिष: काल का शास्त्रीय अनुशासन-गणना से दर्शन तक

## काल की खोज: आवश्यकता और जिज्ञासा

जब मानव ने पहली बार आकाश की ओर दृष्टि उठाई, तब उसके भीतर केवल विस्मय ही नहीं, बल्कि एक गहरी आवश्यकता भी जागृत हुई। यह आवश्यकता केवल जानने की नहीं थी, बल्कि जीवन को व्यवस्थित करने की थी—बीज कब बोया जाए, वर्षा कब होगी, यात्रा का उपयुक्त समय क्या है। ये प्रश्न केवल जिज्ञासा के नहीं, बल्कि अस्तित्व के थे।

इन्हीं आवश्यकताओं ने काल की गणना को जन्म दिया और इसी से वेदांग ज्योतिष की आधारशिला स्थापित हुई। यह समझना अत्यंत आवश्यक है कि वेदांग ज्योतिष का प्रारंभ भविष्यवाणी के रूप में नहीं हुआ था; वह काल-अनुशासन का विज्ञान था—समय को समझने, व्यवस्थित करने और उसके साथ जीवन को संतुलित करने का एक माध्यम।

काल की स्पष्ट समझ के बिना न कृषि संभव थी, न ही सामाजिक संगठन। अतः इसका प्रारंभिक स्वर पूर्णतः व्यावहारिक, अनुशासित और सामूहिक हित पर आधारित था।

## वेदांग ज्योतिष का उद्देश्य

वेदों के छह अंगों में ज्योतिष को स्थान केवल इसलिए नहीं मिला कि वह आकाशीय घटनाओं का वर्णन करता है, बल्कि इसलिए कि वह काल की सूक्ष्मता को व्यवस्थित करता है। यज्ञ, अनुष्ठान और सामाजिक क्रियाएँ समय-संवेदी थीं; ऋतु का संतुलन यदि विचलित हो जाए, तो जीवन का आधार ही डगमगा सकता है।

इसी कारण प्राचीन मनीषियों ने सूर्य की गति, चंद्रमा की कलाओं और नक्षत्रों की स्थिति का गहन अध्ययन किया। उनका उद्देश्य किसी व्यक्ति का भविष्य निर्धारित करना नहीं था, बल्कि यह सुनिश्चित करना था कि जीवन की गतिविधियाँ प्रकृति की लय के साथ समन्वित रहें।

**"कालः क्रीडति गच्छत्यायुः"**[5]

काल निरंतर गतिशील है; वह किसी की प्रतीक्षा नहीं करता। अतः उसे समझना जीवन का अनुशासन है।

## गणित और अनुभव का समन्वय

वेदांग ज्योतिष का स्वरूप केवल दार्शनिक नहीं, बल्कि अत्यंत गणितीय भी था। आकाशीय पिंडों की गति का अध्ययन निरंतर अवलोकन, तुलना और गणना की माँग करता था। यह कार्य क्षणिक नहीं, बल्कि पीढ़ियों के धैर्य और अनुशासन का परिणाम था।

यहीं एक महत्वपूर्ण तथ्य स्पष्ट होता है—ज्ञान तब स्थायी और विश्वसनीय बनता है जब गणित और अनुभव का संतुलन स्थापित

---

[5] **"कालः क्रीडति गच्छत्यायुः"** — पारंपरिक उक्ति; अर्थ: काल खेलते हुए आयु को ले जाता है, अर्थात् समय निरंतर गतिशील है।

होता है। केवल गणना पर्याप्त नहीं होती, और केवल अनुभव भी अपूर्ण रहता है। जब दोनों का समन्वय होता है, तब ही विज्ञान अपनी प्रामाणिकता प्राप्त करता है।

वेदांग ज्योतिष इसी संतुलन का सशक्त उदाहरण है, जहाँ आकाश का सूक्ष्म अवलोकन, गणना की स्पष्टता और अनुभव की परिपक्वता एक साथ मिलते हैं।

## काल और कर्म का संबंध

काल केवल बाहरी समय का संकेत नहीं है; वह कर्म की परिपक्वता का आयाम भी है। प्रत्येक कर्म अपने फल के लिए समय की अपेक्षा करता है, और जब वह समय परिपक्व होता है, तब वही फल प्रारब्ध के रूप में प्रकट होता है।

इस दृष्टि से यदि कर्म कारण है, तो काल उसका परिपाक है। ज्योतिष इस प्रक्रिया का निर्माता नहीं, बल्कि संकेतक है—वह यह इंगित करता है कि कौन-सा कर्म कब फलित होने की संभावना रखता है।

### "यथा कर्म तथैव फलम्"[6]

अर्थात् जैसा कर्म, वैसा ही फल।

अतः ज्योतिष को कारण मान लेना भ्रम है, और उसे संकेतक समझना संतुलन है।

---

6 **"यथा कर्म तथैव फलम्"** — उपनिषद्-आधारित भावार्थ; अर्थ: जैसा कर्म, वैसा ही फल।

## पञ्चाङ्गः समय की सूक्ष्म संरचना

भारतीय कालगणना में पञ्चाङ्ग को समय की सूक्ष्म संरचना के रूप में देखा गया है। वार, तिथि, नक्षत्र, करण और योग—ये पाँच अंग मिलकर समय की गुणवत्ता का संकेत देते हैं।

इनका उद्देश्य भय उत्पन्न करना नहीं, बल्कि उपयुक्तता का बोध कराना है। कुछ समय आरंभ के लिए अनुकूल माने गए, कुछ चिंतन और स्थिरता के लिए। यह व्यवस्था केवल आध्यात्मिक नहीं, बल्कि मनोवैज्ञानिक और सामाजिक संतुलन का माध्यम भी थी।

यहाँ भी अंतिम निर्णय मनुष्य का ही है; पञ्चाङ्ग केवल संकेत देता है, बाध्य नहीं करता।

## नियतिवाद का प्रश्न

समय की गणना से नियति की कठोर घोषणा तक पहुँचना एक गंभीर भ्रांति है। वेदांग ज्योतिष में कहीं भी यह प्रतिपादित नहीं किया गया कि ग्रह मनुष्य के जीवन को नियंत्रित करते हैं। वहाँ केवल यह कहा गया है कि समय की प्रवृत्तियाँ भिन्न होती हैं।

यदि इन प्रवृत्तियों को समझकर कर्म किया जाए, तो प्रयास अधिक संतुलित और फलदायी हो सकता है। यह विचार आधुनिक प्रबंधन और निर्णय-प्रक्रिया के सिद्धांतों से भिन्न नहीं है, जहाँ समय और परिस्थिति का मूल्यांकन सफलता का आधार बनता है।

## मूलभूत भेद (समझ का आधार)

- गणना और अनुमान में अंतर है
- संकेत और आदेश में अंतर है
- प्रवृत्ति और बाध्यता में अंतर है
- संभावना और निश्चितता में अंतर है

इन भेदों की उपेक्षा ही ज्योतिष को अंधविश्वास में परिवर्तित कर देती है।

## आधुनिक संदर्भ: पुनर्पहचान की आवश्यकता

आधुनिक युग में वैज्ञानिक दृष्टि अनिवार्य है, परंतु वैज्ञानिकता का अर्थ परंपरा का निषेध नहीं, बल्कि उसके मूल स्वरूप की पुनर्पहचान है। यदि ज्योतिष को गणना और संकेत की प्रणाली के रूप में समझा जाए, तो वह समय-प्रबंधन, आत्मचिंतन और निर्णय-संतुलन का एक सशक्त साधन बन सकता है।

परंतु यदि उसे नियति की कठोर घोषणा के रूप में ग्रहण किया जाए, तो वह भय और निर्भरता को जन्म देगा। अतः परिवर्तन शास्त्र में नहीं, दृष्टि में अपेक्षित है।

## निष्कर्ष: अनुशासन से आत्मबोध तक

वेदांग ज्योतिष का मूल संदेश अत्यंत स्पष्ट है—जीवन काल की धारा में प्रवाहित होता है। इस धारा को समझना आवश्यक है, पर उससे भयभीत होना नहीं।

काल अनुशासन प्रदान करता है, किन्तु निर्णय मनुष्य के हाथ में है। गणना स्पष्टता देती है, किन्तु दिशा कर्म निर्धारित करता है। यही संतुलन ज्योतिष का शास्त्रीय स्वरूप है।

**"समत्वं योग उच्यते"**[7]

---

[7] **"समत्वं योग उच्यते"** — भगवद्गीता 2.48; अर्थ: समभाव ही योग है।

यह अध्याय हमें स्मरण कराता है कि ज्योतिष का उद्भव भय से नहीं, बल्कि अनुशासन से हुआ था। आगे की यात्रा में हम कर्म और प्रारब्ध के उस गहन आयाम में प्रवेश करेंगे, जहाँ काल, कर्म और चेतना का संवाद और अधिक स्पष्ट होगा।

# अध्याय ३

# वास्तु: पृथ्वी, दिशा और देह का संतुलन

## पृथ्वी से प्रारंभ होती संरचना

जब मनुष्य ने आकाश की ओर देखा, तब उसने काल को समझना प्रारंभ किया; परंतु जब उसने पृथ्वी पर अपना निवास निर्मित किया, तब उसे स्थान की संरचना का बोध हुआ। यदि आकाश नियमबद्ध है, तो पृथ्वी भी उसी व्यवस्था का अभिन्न अंग है।

वास्तु का मूल प्रश्न यही है—क्या मनुष्य का निवास प्रकृति की लय के अनुरूप है, या वह केवल ईंट और पत्थर का संयोजन भर है? क्या घर एक निर्जीव संरचना है, या वह एक ऐसी जीवंत व्यवस्था है जो मन, शरीर और व्यवहार को सूक्ष्म रूप से प्रभावित करती है?

प्राचीन स्थापत्य ग्रंथों में पृथ्वी को केवल भौतिक तत्व नहीं माना गया, बल्कि उसे ऊर्जा, दिशा और संतुलन के क्षेत्र के रूप में देखा गया। *मयमतम्* में स्पष्ट संकेत मिलता है कि भवन का निर्माण भूमि की प्रकृति, दिशा और अनुपात के अनुरूप होना चाहिए।[8]

इस दृष्टि में वास्तु कोई चमत्कार नहीं, बल्कि संतुलन का विज्ञान है।

---

[8] *मयमतम्*, अध्याय 1 — भूमि और निर्माण के मूल सिद्धांत।

## दिशा का दार्शनिक अर्थ

सूर्य का पूर्व में उदय होना केवल एक खगोलीय घटना नहीं है; वह दिशा के महत्व का एक गहरा संकेत है। पूर्व प्रकाश का प्रतीक है, पश्चिम विश्राम का, उत्तर स्थिरता का और दक्षिण ऊर्जा तथा परिवर्तन का।

वास्तु में दिशाओं को केवल भौगोलिक संकेत के रूप में नहीं, बल्कि प्रतीकात्मक और व्यवहारिक दोनों स्तरों पर समझा गया। ऋग्वेद में ब्रह्मांडीय व्यवस्था का उल्लेख मिलता है, जहाँ दिशा और देवत्व के बीच संबंध स्थापित किया गया है।[9] यह संबंध पूजात्मक से अधिक दार्शनिक है—दिशा को देवता मानना नहीं, बल्कि उसके गुण को समझना।

यदि प्रकाश पूर्व से आता है, तो निवास की संरचना इस तथ्य को ध्यान में रख सकती है। यह विज्ञान के विरुद्ध नहीं, बल्कि उसका विस्तार है।

## पृथ्वी और देह का संबंध

उपनिषदों में कहा गया है—**"अन्नं ब्रह्म"**, अर्थात् भौतिक तत्व भी उसी व्यापक सत्य का रूप हैं।[10] यदि देह पंचमहाभूतों से निर्मित है, तो निवास भी उन्हीं तत्वों से निर्मित है; यही समानता वास्तु की दार्शनिक भूमि बनती है।

घर का केंद्र, जिसे ब्रह्मस्थान कहा गया है, उस संतुलन का प्रतीक है जहाँ ऊर्जा का प्रवाह अवरोधित न हो। यह विचार केवल प्रतीकात्मक नहीं, बल्कि व्यवहारिक भी है—एक खुला, प्रकाशपूर्ण और संतुलित केंद्र मनोवैज्ञानिक स्थिरता प्रदान करता है।

---

[9] ऋग्वेद — दिशाओं और देवत्व के प्रतीकात्मक संबंध का संदर्भ (वैदिक व्याख्या)।

[10] *तैत्तिरीय उपनिषद्* 3.2 — "अन्नं ब्रह्म" प्रसंग।

इस प्रकार घर केवल रहने का स्थान नहीं, बल्कि अनुभव का क्षेत्र बन जाता है।

## संरचना और मन का संवाद

स्थान केवल बाहरी संरचना नहीं है; वह मनोवैज्ञानिक अनुभव का एक सक्रिय आयाम है। आधुनिक पर्यावरण मनोविज्ञान भी यह स्वीकार करता है कि प्रकाश, वायु, अनुपात और व्यवस्था मानसिक अवस्था को प्रभावित करते हैं।

वास्तु का मूल सिद्धांत यही है—स्थान और मन के बीच निरंतर संवाद।

इस संदर्भ में कुछ आधारभूत बिंदु स्पष्ट होते हैं—

- प्रकाश का संतुलन मन की स्पष्टता को प्रभावित करता है
- वायु का प्रवाह ऊर्जा के अनुभव को परिवर्तित करता है
- अनुपात और सममिति स्थिरता की अनुभूति देते हैं
- अव्यवस्था मानसिक अशांति को बढ़ा सकती है

ये सिद्धांत किसी चमत्कार पर आधारित नहीं, बल्कि अनुभव और अवलोकन पर आधारित हैं।

## मानसिक विस्तार: घर से परे का क्षेत्र

मनुष्य अपने घर को केवल चार दीवारों तक सीमित नहीं रखता; वह मानसिक रूप से अपने परिवेश को भी "अपना" अनुभव कर सकता है। यह अनुभव केवल भौतिक नहीं, बल्कि मनोवैज्ञानिक विस्तार है।

यदि कोई व्यक्ति अपने आसपास के वातावरण को स्वीकार करता है, तो उसका प्रभाव केवल भूगोल तक सीमित नहीं रहता, बल्कि उसके मन की अवस्था में भी प्रकट होता है।

इस प्रकार वास्तु केवल भौतिक संरचना नहीं, बल्कि मानसिक संरचना का भी अध्ययन है।

## वास्तु और नियति का भ्रम

आधुनिक समय में वास्तु को कई बार इस प्रकार प्रस्तुत किया जाता है मानो किसी स्थान का दोष जीवन को पूर्णतः प्रभावित कर देगा। यह दृष्टि शास्त्रीय नहीं है।

भगवद्गीता का संतुलित दृष्टिकोण यहाँ भी लागू होता है—**"समत्वं योग उच्यते"**।[11] यदि मन संतुलित है, तो असंतुलित स्थान का प्रभाव सीमित हो सकता है; और यदि मन ही असंतुलित है, तो सर्वोत्तम स्थान भी शांति प्रदान नहीं कर सकता।

अतः वास्तु संकेत देता है, परंतु भाग्य का निर्धारण नहीं करता।

## दिशा और व्यवहार का संबंध

प्राचीन ग्रंथों में विभिन्न कक्षों के लिए दिशाओं का उल्लेख मिलता है—अग्नि के लिए दक्षिण-पूर्व, जल के लिए उत्तर-पूर्व, विश्राम के लिए पश्चिम आदि।[12] इन निर्देशों का मूल तत्व संतुलन है।

अग्नि और वायु का संयोजन, जल और प्रकाश का संतुलन—ये सभी प्राकृतिक तत्वों के व्यवहार पर आधारित हैं। इन्हें जादुई

---

11 *भगवद्गीता* 2.48 — "समत्वं योग उच्यते" ।

12 *मानसार* — स्थापत्य नियमों में दिशाओं और कक्ष-निर्धारण का उल्लेख।

नियम मान लेना भ्रम होगा; इन्हें पर्यावरणीय संतुलन के रूप में समझना अधिक समीचीन है।

## दार्शनिक निष्कर्ष: स्थान नहीं, चेतना निर्णायक है

वास्तु यह नहीं कहता कि घर भाग्य बनाता है; वह केवल यह संकेत करता है कि स्थान और मन का संवाद जीवन की गुणवत्ता को प्रभावित कर सकता है।

यदि ब्रह्मांड संरचित है, तो निवास भी उसी संरचना का अंश है; यदि मनुष्य उस संरचना को समझकर निर्माण करता है, तो संतुलन की संभावना बढ़ जाती है।

परंतु अंतिम संतुलन दीवारों में नहीं, चेतना में है।

## अध्याय का समापन

वास्तु पृथ्वी, दिशा और देह के संतुलन का अध्ययन है। वह चमत्कार नहीं, संरचना है; वह भय नहीं, संवाद है।

जब इसे इसी दृष्टि से समझा जाता है, तब यह अंधविश्वास का उपकरण नहीं, बल्कि पर्यावरणीय और मनोवैज्ञानिक संतुलन का एक गहरा साधन बन जाता है।

आगे के अध्याय में हम ब्रह्मांड की व्यापक संरचना को समझेंगे, ताकि यह स्पष्ट हो सके कि समय और स्थान दोनों उसी एक व्यवस्था के दो आयाम हैं।

# अध्याय ४

# सनातन दृष्टि में ब्रह्मांड की संरचना

## अराजकता नहीं, व्यवस्था का सिद्धांत

जब हम "ब्रह्मांड" शब्द का उच्चारण करते हैं, तो सामान्यतः हमारे मन में अनंत विस्तार, असंख्य तारामंडल और रहस्यमयी आकाशगंगाओं की छवि उभरती है; परंतु सनातन दृष्टि में ब्रह्मांड केवल विस्तार का नाम नहीं, बल्कि एक सुव्यवस्थित, नियमबद्ध और संतुलित संरचना का जीवंत अनुभव है। यह विस्तार अराजक नहीं है—यह एक सूक्ष्म, सुसंगत और गहन सिद्धांतों पर आधारित व्यवस्था है।

वेदों ने इस व्यवस्था को "ऋत" कहा है—वह सार्वभौमिक नियम जो अस्तित्व को स्थिरता, निरंतरता और अर्थ प्रदान करता है। ऋग्वेद का उद्घोष इस सत्य को अत्यंत स्पष्ट करता है—

**"ऋतं च सत्यं चाभीद्धात् तपसोऽध्यजायत।"**[13]

यहाँ 'ऋत' और 'सत्य' केवल दार्शनिक अवधारणाएँ नहीं हैं; वे इस तथ्य के संकेत हैं कि ब्रह्मांड संयोग का परिणाम नहीं, बल्कि एक गहन और सुव्यवस्थित चेतनात्मक संरचना की अभिव्यक्ति

[13] ऋग्वेद 10.190.1

है। जहाँ व्यवस्था है, वहाँ संरचना है; और जहाँ संरचना है, वहाँ उसे समझने की संभावना भी है।

## सृष्टि: पदार्थ नहीं, चेतना का विस्तार

उपनिषद सृष्टि को केवल भौतिक उत्पत्ति की प्रक्रिया के रूप में नहीं देखते; वे उसे चेतना के क्रमिक विस्तार के रूप में समझते हैं। तैत्तिरीय उपनिषद् इस प्रक्रिया को एक सूक्ष्म दार्शनिक मानचित्र के रूप में प्रस्तुत करता है—

**"तस्माद्वा एतस्मादात्मन आकाशः सम्भूतः।"**[14]

आत्मा से आकाश, आकाश से वायु, वायु से अग्नि, अग्नि से जल और जल से पृथ्वी—यह क्रम केवल तत्वों का विवरण नहीं है, बल्कि अस्तित्व की एक क्रमबद्ध संरचना का उद्‌घाटन है।

यहाँ सृष्टि किसी यांत्रिक संयोजन का परिणाम नहीं, बल्कि एक निरंतर प्रवाह है—जहाँ प्रत्येक स्तर अगले स्तर को जन्म देता है और उसी में विलीन भी होता है। यही निरंतरता ब्रह्मांड को स्थिर नहीं, बल्कि जीवंत और गतिशील बनाती है।

## पंचमहाभूत: अनुभव और संरचना का आधार

पृथ्वी, जल, अग्नि, वायु और आकाश—ये पंचमहाभूत केवल शास्त्रीय अवधारणाएँ नहीं हैं; ये अनुभव के मूल आयाम हैं। मानव-देह इनसे निर्मित है, उसका निवास इन्हीं से निर्मित है, और ब्रह्मांड भी इन्हीं के माध्यम से अभिव्यक्त होता है।

इस समानता को समझे बिना न ज्योतिष की गहराई स्पष्ट होती है, न ही वास्तु का वास्तविक स्वरूप।

---

[14] तैत्तिरीय उपनिषद् 2.1.1

इन तत्वों के गुणों में ही संरचना के पाँच स्तर छिपे हैं—

- आकाश — विस्तार, संभावना और सूक्ष्मता का क्षेत्र
- वायु — गति, परिवर्तन और संचार का माध्यम
- अग्नि — ऊर्जा, रूपांतरण और प्रकाश का स्रोत
- जल — प्रवाह, संवेदनशीलता और समायोजन का आधार
- पृथ्वी — स्थिरता, आधार और ठोसता का प्रतीक

इन पाँचों का संतुलन ही जीवन की समरसता का आधार है। असंतुलन जहाँ उत्पन्न होता है, वहीं अनुभव में विचलन प्रकट होता है।

## काल और स्थान: गतिशील संतुलन का आयाम

ब्रह्मांड की संरचना केवल तत्वों तक सीमित नहीं; वह काल और स्थान दोनों में अभिव्यक्त होती है। स्थान स्थिर प्रतीत हो सकता है, परंतु वह भी निरंतर गति का भाग है—पृथ्वी का घूर्णन, उसकी परिक्रमा, और उससे जुड़ी अनगिनत गतियाँ इसी संतुलन का निर्माण करती हैं।

भगवद्गीता में श्रीकृष्ण कहते हैं—

**"कालोऽस्मि लोकक्षयकृत्।"**[15]

यहाँ 'काल' केवल विनाश का संकेत नहीं, बल्कि परिवर्तन, परिपक्वता और रूपांतरण का माध्यम है। इस प्रकार ब्रह्मांड स्थिरता और गति—दोनों के सूक्ष्म संतुलन में स्थित है।

[15] भगवद्गीता 11.32

## धर्मः व्यवस्था का आंतरिक आयाम

यदि 'ऋत' ब्रह्मांड की बाहरी व्यवस्था है, तो 'धर्म' उसका आंतरिक अनुपालन है। महाभारत में कहा गया है—

**"धर्मस्य तत्त्वं निहितं गुहायाम्।"**[16]

धर्म यहाँ केवल आचार नहीं, बल्कि उस संतुलन के अनुरूप जीवन जीने की क्षमता है, जो ब्रह्मांड में विद्यमान है। जब मनुष्य इस व्यवस्था के साथ सामंजस्य स्थापित करता है, तभी वास्तविक संतुलन उत्पन्न होता है।

## मानव और ब्रह्मांडः एकात्म संबंध

उपनिषद का प्रसिद्ध सूत्र—

**"यथा पिण्डे तथा ब्रह्माण्डे।"**[17]

यह उद्‌घोष करता है कि सूक्ष्म और विराट में गहरा साम्य है। मनुष्य केवल ब्रह्मांड का दर्शक नहीं, बल्कि उसका अभिन्न अंश है।

ज्योतिष इसी साम्य को समय के स्तर पर पढ़ता है।

वास्तु इसी साम्य को स्थान के स्तर पर समझता है।

परंतु इन दोनों की जड़ उसी व्यापक ब्रह्मांडीय संरचना में है, जिसे समझे बिना कोई भी निष्कर्ष अधूरा रहता है।

---

16 महाभारत, शांति पर्व

17 छांदोग्य उपनिषद् (परंपरागत भावार्थ)

## सृष्टि, स्थिति और संहार: संतुलन का चक्र

पुराणों में वर्णित सृष्टि, स्थिति और संहार का चक्र ब्रह्मांडीय संतुलन की निरंतर प्रक्रिया का प्रतीक है। ब्रह्मा सृजन के, विष्णु संरक्षण के और शिव रूपांतरण के प्रतीक हैं।[18]

यह त्रिमूर्ति किसी धार्मिक कल्पना का विस्तार नहीं, बल्कि एक गहन दार्शनिक सत्य का संकेत है—हर संरचना जन्म लेती है, स्थिर होती है और अंततः रूपांतरित हो जाती है। यह विनाश नहीं, बल्कि संतुलन की पुनर्स्थापना है।

## आधुनिक विज्ञान और सनातन दृष्टि का संवाद

आधुनिक विज्ञान भी यह स्वीकार करता है कि ब्रह्मांड नियमों से संचालित है—गुरुत्वाकर्षण, ऊर्जा, गति और संतुलन के सिद्धांत। अंतर केवल अभिव्यक्ति की भाषा में है।

जहाँ विज्ञान समीकरणों में बात करता है, वहीं सनातन दर्शन प्रतीकों और अनुभूति की भाषा में। परंतु दोनों का मूल निष्कर्ष एक ही है—ब्रह्मांड अराजक नहीं, बल्कि गहन रूप से व्यवस्थित है।

## संरचना और स्वतंत्रता: साक्षी का आयाम

यदि सब कुछ संरचना का भाग है, तो स्वतंत्रता कहाँ है? यह प्रश्न स्वाभाविक है।

उपनिषद इसका उत्तर देते हैं—

**"असंगो ह्ययं पुरुषः।"**[19]

---

[18] शिव पुराण / भागवत महापुराण
[19] बृहदारण्यक उपनिषद् 4.3.15

अर्थात् चेतना स्वयं संरचना से असंग है। संरचना अनुभव का क्षेत्र है, पर चेतना उसका साक्षी है।

यही साक्षीभाव स्वतंत्रता का आधार है—संरचना के भीतर रहते हुए भी उससे परे होने की क्षमता।

## निष्कर्ष: व्यवस्था का बोध, भय का अंत

सनातन दृष्टि में ब्रह्मांड अराजक नहीं, बल्कि एक सुव्यवस्थित, संतुलित और जीवंत संरचना है। पंचमहाभूत, काल, स्थान और धर्म—ये सभी उसी व्यवस्था के विभिन्न आयाम हैं।

ज्योतिष और वास्तु इस व्यापक संरचना के आंशिक अध्ययन हैं—वे संपूर्ण सत्य नहीं, बल्कि उसके संकेतक हैं।

जब ब्रह्मांड को व्यवस्था के रूप में समझा जाता है, तब भय स्वतः समाप्त होने लगता है और जिज्ञासा का विस्तार होता है।

यहीं से ज्ञान की यात्रा प्रारंभ होती है—भय से नहीं, बोध से।

अगले अध्याय में हम इसी संरचना के भीतर कर्म के सिद्धांत को समझेंगे—जो इस व्यवस्था का नैतिक और अनुभवजन्य आयाम है।

भाग २

# कर्म का अदृश्य संतुलन

# अध्याय ५

# कर्मः दंड नहीं, संतुलन का शाश्वत सिद्धांत

## कर्म का मूल प्रश्नः व्यवस्था के भीतर अनुभव

यदि ब्रह्मांड एक सुव्यवस्थित संरचना है, तो क्या मानव जीवन के अनुभव—सुख और दुःख—भी उसी व्यवस्था के अंतर्गत आते हैं? यदि समय और स्थान नियमबद्ध हैं, तो क्या जीवन की घटनाएँ भी किसी अदृश्य संतुलन से संचालित होती हैं? यही वह बिंदु है जहाँ "कर्म" का प्रश्न उत्पन्न होता है।

सामान्यतः कर्म को दंड और पुरस्कार की भाषा में समझा जाता है—मानो कोई बाहरी सत्ता हमारे कार्यों का लेखा-जोखा रख रही हो और उसके अनुसार निर्णय दे रही हो। परंतु सनातन दृष्टि में कर्म न तो न्यायालय का निर्णय है और न ही दंडात्मक व्यवस्था; वह संतुलन का एक शाश्वत सिद्धांत है, जो कारण और परिणाम के सूक्ष्म संबंध को व्यक्त करता है।

उपनिषद का वाक्य इस सिद्धांत को अत्यंत स्पष्टता से उद्घाटित करता है—

**"यथा कर्मा तथा भवति।"**[120]

---

20 बृहदारण्यक उपनिषद् 4.4.5

अर्थात् जैसा कर्म, वैसा परिणाम। यह उद्घोष भय उत्पन्न करने के लिए नहीं, बल्कि उत्तरदायित्व स्थापित करने के लिए है। यह मनुष्य को नियंत्रित नहीं करता; उसे जागरूक करता है।

## कर्म: केवल क्रिया नहीं, चेतन प्रक्रिया

"कर्म" शब्द को यदि केवल बाहरी कार्यों तक सीमित कर दिया जाए, तो उसकी गहराई खो जाती है। वास्तव में कर्म का क्षेत्र व्यापक है—विचार, भावना, संकल्प और प्रतिक्रिया—ये सभी कर्म के आयाम हैं।

भगवद्गीता इस सत्य को स्पष्ट करती है—

**"न हि कश्चित् क्षणमपि जातु तिष्ठत्यकर्मकृत्।"**[21]

अर्थात् कोई भी व्यक्ति एक क्षण के लिए भी कर्म किए बिना नहीं रह सकता। जीवन स्वयं एक निरंतर प्रवाह है, जिसमें प्रत्येक विचार एक बीज के समान है और प्रत्येक निर्णय एक दिशा का निर्धारण करता है।

इस प्रकार कर्म केवल बाहरी क्रिया नहीं, बल्कि आंतरिक चेतना की अभिव्यक्ति भी है।

## दंड नहीं, प्रतिक्रिया का स्वाभाविक नियम

प्रकृति का एक मूल सिद्धांत है—संतुलन। जहाँ भी असंतुलन उत्पन्न होता है, वहाँ प्रतिक्रिया स्वाभाविक रूप से प्रकट होती है। यह प्रतिक्रिया किसी दंड का परिणाम नहीं, बल्कि संतुलन की पुनर्स्थापना का प्रयास है।

---

[21] भगवद्गीता 3.5

यदि कोई व्यक्ति अग्नि को स्पर्श करता है, तो उसे दाह का अनुभव होता है। यह दंड नहीं, बल्कि ऊर्जा की स्वाभाविक प्रतिक्रिया है। इसी प्रकार कर्म का फल भी दंड नहीं, बल्कि प्रतिक्रिया है—एक ऐसी प्रक्रिया, जो संतुलन को पुनः स्थापित करती है।

इस सिद्धांत को कुछ मूल बिंदुओं में समझा जा सकता है—

- कर्म बीज है, और परिणाम उसका स्वाभाविक अंकुर।
- प्रतिक्रिया अनिवार्य है, पर उसका स्वरूप परिस्थितियों के अनुसार बदल सकता है।
- समय फल की परिपक्वता को निर्धारित करता है।
- चेतना, उस फल के अनुभव को परिवर्तित कर सकती है।

यह दृष्टि कर्म को भय से मुक्त कर उसे समझ और संतुलन का विषय बनाती है।

### कर्म और स्वतंत्रता: चयन का क्षेत्र

यदि कर्म का नियम अपरिवर्तनीय है, तो क्या मनुष्य की स्वतंत्रता समाप्त हो जाती है? यह एक स्वाभाविक प्रश्न है।

भगवद्गीता इस संदर्भ में एक महत्वपूर्ण संकेत देती है—

**"स्वधर्मे निधनं श्रेयः।"**[22]

अर्थात् मनुष्य के पास चयन का अधिकार है। कर्म का सिद्धांत नियतिवाद नहीं है; वह केवल यह कहता है कि प्रत्येक चयन का परिणाम होगा।

[22] भगवद्गीता 3.35

इस प्रकार कर्म स्वतंत्रता को समाप्त नहीं करता, बल्कि उसे उत्तरदायित्व से जोड़ता है। मनुष्य स्वतंत्र है, पर वह अपने चयन के परिणामों से पृथक नहीं रह सकता।

## संचित, प्रारब्ध और क्रियमाण: समय में कर्म की संरचना

शास्त्रों ने कर्म को तीन स्तरों पर विभाजित किया है—संचित, प्रारब्ध और क्रियमाण। यह विभाजन केवल दार्शनिक अवधारणा नहीं, बल्कि जीवन के अनुभव को समझने का एक सूक्ष्म उपकरण है।

संचित वह है, जो बीज के रूप में संग्रहित है—अतीत के कर्मों का संचय।

प्रारब्ध वह है, जो वर्तमान में फलित हो रहा है—जो अंकुरित हो चुका है।

क्रियमाण वह है, जो वर्तमान क्षण में किया जा रहा है—जो भविष्य का बीज बनेगा।

इस दृष्टि से वर्तमान क्षण केवल भोग का नहीं, बल्कि सृजन का भी है। मनुष्य केवल अपने अतीत का परिणाम नहीं, बल्कि अपने भविष्य का निर्माता भी है।

## स्वर्ग और नरक: अनुभव की अवस्थाएँ

कर्म के संदर्भ में स्वर्ग और नरक की अवधारणाएँ भी अक्सर भ्रम उत्पन्न करती हैं। पुराणों में इन्हें स्थायी स्थानों के रूप में नहीं, बल्कि अनुभव की अवस्थाओं के रूप में वर्णित किया गया है।[23]

[23] गरुड़ पुराण (स्वर्ग-नरक प्रसंग)

यदि कोई कर्म पूर्ण रूप से संतुलित नहीं होता, तो उसका प्रभाव शेष रहता है। इस प्रकार प्रारब्ध शून्य नहीं होता; वह संतुलन की निरंतरता के रूप में प्रकट होता है।

इस समझ से स्वर्ग और नरक का भय समाप्त होता है और वे अनुभव के आयाम के रूप में समझ में आते हैं।

## सज्जन और दुष्ट: अनुभव का विरोधाभास

कर्म-सिद्धांत की सबसे बड़ी चुनौती यह प्रश्न है—क्यों कभी सज्जन व्यक्ति दुःखी दिखाई देता है और दुष्ट व्यक्ति सुखी?

यदि कर्म का फल तत्काल प्रकट होता, तो यह भ्रम उत्पन्न नहीं होता। परंतु कर्म का फल समयानुसार परिपक्व होता है।

महाभारत में इस गूढ़ता को इस प्रकार व्यक्त किया गया है—

**"धर्मस्य तत्त्वं निहितं गुहायाम्।"**[24]

अर्थात् धर्म का तत्त्व अत्यंत सूक्ष्म और गूढ़ है। दृश्य अनुभव अंतिम निष्कर्ष नहीं हैं; वे एक व्यापक प्रक्रिया के क्षणिक रूप हैं।

## कर्म और चेतना: साक्षी का आयाम

यदि कर्म प्रतिक्रिया का नियम है, तो चेतना उस प्रतिक्रिया का अनुभव कैसे करती है? यहाँ उपनिषद का साक्षी-सिद्धांत अत्यंत महत्वपूर्ण हो जाता है—

**"असंगो ह्ययं पुरुषः।"**[25]

---

[24] महाभारत, वनपर्व 313.117

[25] बृहदारण्यक उपनिषद् 4.3.15

अर्थात् आत्मा असंग है—वह अनुभव का भाग नहीं, बल्कि उसका साक्षी है।

यदि मनुष्य स्वयं को केवल भोगकर्ता न मानकर साक्षी के रूप में समझे, तो कर्म के प्रभाव का मानसिक भार कम हो सकता है। यही दृष्टि संतुलन की ओर ले जाती है।

## भय से उत्तरदायित्व की यात्रा

कर्म को यदि दंड के रूप में देखा जाए, तो भय उत्पन्न होगा। यदि उसे संतुलन के रूप में समझा जाए, तो उत्तरदायित्व जागृत होगा।

भगवद्गीता का एक महत्वपूर्ण उपदेश इस संदर्भ में स्मरणीय है—

**"उद्धरेदात्मनात्मानं।"**[26]

मनुष्य स्वयं को उठाए—यह कर्म-सिद्धांत की परिपक्व व्याख्या है। यह नियति की घोषणा नहीं, बल्कि सहभागिता का आह्वान है।

## निष्कर्ष: संतुलन का नैतिक आयाम

कर्म ब्रह्मांडीय व्यवस्था का नैतिक आयाम है। वह दंड की प्रणाली नहीं, बल्कि संतुलन की प्रक्रिया है, जो कारण और परिणाम को जोड़ती है।

समय और स्थान की संरचना के भीतर कर्म जीवन की दिशा को आकार देता है। ज्योतिष और वास्तु यदि संकेत प्रदान करते हैं, तो कर्म उन संकेतों का उत्तर है।

---

[26] भगवद्गीता 6.5

इस प्रकार जीवन केवल भोग का क्षेत्र नहीं, बल्कि सहभागिता का अवसर है; केवल परिणाम का अनुभव नहीं, बल्कि उत्तरदायित्व का अभ्यास है।

अगले अध्याय में हम इसी सिद्धांत को और गहराई से समझेंगे—संचित, प्रारब्ध और क्रियमाण के त्रिस्तरीय विश्लेषण के माध्यम से।

अध्याय ६

# संचित, प्रारब्ध और क्रियमाण — शास्त्रीय विवेचन

## कर्म की गहराई: एक सतत प्रवाह का बोध

पिछले अध्याय में हमने कर्म को दंड नहीं, बल्कि संतुलन का शाश्वत सिद्धांत के रूप में समझा। अब आवश्यक है कि हम इस सिद्धांत की आंतरिक संरचना को और अधिक सूक्ष्मता से देखें। यदि कर्म केवल बाह्य क्रिया नहीं, बल्कि चेतना, समय और अनुभव का एक विस्तृत तंत्र है, तो उसका कार्य-रूप भी स्वाभाविक रूप से बहुस्तरीय होगा।

शास्त्रों ने इस बहुस्तरीयता को तीन स्पष्ट आयामों में व्यवस्थित किया है—**संचित**, **प्रारब्ध** और **क्रियमाण**। यह विभाजन केवल दार्शनिक सुविधा के लिए नहीं किया गया, बल्कि जीवन की जटिलता को समझने के लिए एक अनुशासित दृष्टि प्रदान करता है। यह हमें यह देखने की क्षमता देता है कि जीवन केवल घटनाओं का क्रम नहीं, बल्कि कारण, समय और प्रतिक्रिया का एक सतत संवाद है।

## संचित कर्म: संभावनाओं का अदृश्य भंडार

"संचित" का शाब्दिक अर्थ है—संग्रहित किया हुआ। यह उन समस्त कर्मों का संचय है, जो चेतना ने अनेक अनुभवों, निर्णयों और जीवन-प्रवाहों के माध्यम से अर्जित किए हैं, परंतु जिनका फल अभी पूर्णतः प्रकट नहीं हुआ।

उपनिषद संकेत करते हैं कि जीव अपने कर्मों के संस्कारों को अपने साथ लेकर चलता है।

**"यथा कर्मा तथा भवति।"**[27]

यहाँ "भवति" केवल वर्तमान जीवन का परिणाम नहीं है; यह चेतना की निरंतरता का संकेत है—एक ऐसी धारा, जो अनुभवों को संचित करती हुई आगे बढ़ती है।

संचित कर्म को एक विशाल बीज-भंडार के रूप में समझा जा सकता है, जहाँ असंख्य संभावनाएँ निहित हैं, परंतु वे सभी एक साथ प्रकट नहीं होतीं।

इसे समझने के लिए कुछ मूल आयाम ध्यान में रखने आवश्यक हैं—

- यह संचित ऊर्जा है, तत्काल अनुभव नहीं।
- यह संभाव्यता का क्षेत्र है, अनिवार्यता का नहीं।
- इसका पूर्ण स्वरूप मनुष्य की सामान्य चेतना से परे रहता है।
- इसका केवल एक अंश ही किसी एक जीवन में प्रारब्ध के रूप में व्यक्त होता है।

इस प्रकार संचित कर्म हमें यह समझाता है कि जीवन का दृश्य भाग केवल एक व्यापक अदृश्य संरचना का सीमित प्रकट रूप है।

[27] बृहदारण्यक उपनिषद् 4.4.5

## प्रारब्ध कर्म: वर्तमान जीवन की सक्रिय पृष्ठभूमि

"प्रारब्ध" का अर्थ है—जो आरंभ हो चुका है, जो गतिमान है। यह संचित कर्म का वह चयनित भाग है, जो वर्तमान जीवन में फलित होने के लिए सक्रिय हुआ है।

जन्म की परिस्थितियाँ, परिवार, देह की प्रकृति, कुछ अनिवार्य अनुभव—ये सभी प्रारब्ध के क्षेत्र में आते हैं। ये वे आधार हैं, जिन पर जीवन की कथा आगे विकसित होती है।

भगवद्गीता संकेत देती है—

**"प्रकृतेः क्रियमाणानि गुणैः कर्माणि सर्वशः।"**[28]

अर्थात् देह और उसके गुण प्रकृति के अधीन हैं। इसका अर्थ यह नहीं कि सब कुछ पूर्वनिर्धारित है, बल्कि यह कि कुछ परिस्थितियाँ प्रारंभिक आधार के रूप में उपलब्ध हैं।

प्रारब्ध को समझते समय तीन महत्वपूर्ण तथ्य ध्यान में रखने चाहिए—

- यह वर्तमान जीवन की पृष्ठभूमि है, सम्पूर्ण कथा नहीं।
- यह अनुभव का क्षेत्र है, परंतु प्रतिक्रिया का चयन अभी भी संभव है।
- यह दंड नहीं, संतुलन की प्रक्रिया का सक्रिय रूप है।

इस प्रकार प्रारब्ध जीवन को दिशा देता है, परंतु उसे पूर्णतः सीमित नहीं करता।

---

[28] भगवद्गीता 3.27

## क्रियमाण कर्म: वर्तमान क्षण की सृजनात्मक स्वतंत्रता

"क्रियमाण" वह कर्म है, जो इस क्षण में किया जा रहा है। यही वर्तमान का पुरुषार्थ है, यही वह क्षेत्र है जहाँ स्वतंत्रता वास्तविक रूप में प्रकट होती है।

यदि संचित कर्म बीज है और प्रारब्ध उसका अंकुर, तो क्रियमाण वर्तमान में बोया जा रहा नया बीज है, जो भविष्य के संचित का भाग बनेगा।

भगवद्गीता का यह उपदेश यहाँ अत्यंत सार्थक हो जाता है—

**"उद्धरेदात्मनात्मानं नात्मानमवसादयेत्।"**[29]

मनुष्य स्वयं को उठा सकता है। यदि सब कुछ केवल प्रारब्ध ही होता, तो यह उपदेश निरर्थक हो जाता।

क्रियमाण कर्म ही वह क्षेत्र है जहाँ मनुष्य अपने जीवन में सक्रिय सहभागिता करता है। यही वह स्थान है जहाँ चेतना, चयन और उत्तरदायित्व एक साथ कार्य करते हैं।

## तीनों का परस्पर संबंध: एक सतत चक्र

संचित, प्रारब्ध और क्रियमाण को पृथक-पृथक समझना पर्याप्त नहीं है; उनके परस्पर संबंध को समझना अधिक आवश्यक है।

संचित संभावनाओं का भंडार है।

प्रारब्ध उसका सक्रिय, प्रकट भाग है।

क्रियमाण वह प्रक्रिया है, जो भविष्य का संचित निर्मित करती है।

---

[29] 3 भगवद्गीता 6.5

यह एक सतत चक्र है, जो निरंतर चलता रहता है। इसे चार चरणों में समझा जा सकता है—

- प्रारब्ध परिस्थितियाँ प्रदान करता है।
- क्रियमाण उन परिस्थितियों पर प्रतिक्रिया देता है।
- प्रतिक्रिया नए संस्कार का निर्माण करती है।
- संस्कार पुनः संचित में जुड़ जाते हैं।

इस प्रकार जीवन केवल भोग का क्षेत्र नहीं, बल्कि निरंतर सृजन की प्रक्रिया है।

## क्या प्रारब्ध अपरिवर्तनीय है?

यह प्रश्न अत्यंत महत्वपूर्ण है। शास्त्र संकेत करते हैं कि प्रारब्ध का मूल ढाँचा स्थिर हो सकता है, परंतु उसका अनुभव और उसका आंतरिक प्रभाव परिवर्तनीय है।

उदाहरण के लिए, एक ही परिस्थिति किसी व्यक्ति को तोड़ सकती है और दूसरे को सशक्त बना सकती है। अंतर परिस्थिति में नहीं, चेतना में होता है।

उपनिषद का साक्षी-सिद्धांत यहाँ मार्गदर्शक बनता है—

**"असंगो ह्ययं पुरुषः।"**[30]

यदि आत्मा असंग है, तो अनुभव अंतिम बंधन नहीं है। इस प्रकार स्वतंत्रता बाहरी परिस्थिति के परिवर्तन में नहीं, बल्कि आंतरिक दृष्टि के परिवर्तन में निहित है।

---

[30] बृहदारण्यक उपनिषद् 4.3.15

## स्वर्ग, नरक और कर्म का प्रवाह

पुराणों में स्वर्ग और नरक को कर्म-फल की अवस्थाओं के रूप में वर्णित किया गया है।[31] वे स्थायी स्थान नहीं, बल्कि अनुभव की स्थितियाँ हैं।

यदि कर्म का संचित पूर्णतः समाप्त हो जाए, तो पुनर्जन्म की आवश्यकता समाप्त हो जाती है। इस प्रकार कर्म का सिद्धांत अनंत दंड की प्रणाली नहीं, बल्कि संतुलन की निरंतर प्रक्रिया है।

## सज्जन और दुष्ट का प्रश्न: पुनर्विचार

जब हम देखते हैं कि कभी दुष्ट व्यक्ति सुखी प्रतीत होता है और सज्जन दुःखी, तब कर्म-सिद्धांत पर संदेह उत्पन्न होता है। यह भ्रम तब उत्पन्न होता है, जब हम केवल वर्तमान प्रारब्ध को देखते हैं और संचित तथा क्रियमाण के व्यापक आयाम को अनदेखा कर देते हैं।

महाभारत का यह वचन इस गूढ़ता को स्पष्ट करता है—

**"धर्मस्य तत्त्वं निहितं गुहायाम्।"**[32]

अर्थात् धर्म का तत्त्व अत्यंत सूक्ष्म और गहन है। दृश्य अनुभव अंतिम सत्य नहीं; वे एक व्यापक प्रक्रिया का आंशिक रूप हैं।

## कर्म और ज्योतिष: संकेत का संबंध

यदि प्रारब्ध सक्रिय कर्म है, तो ज्योतिष उस समय-संरचना का संकेत दे सकता है, जिसमें वह फलित हो रहा है। परंतु ज्योतिष क्रियमाण कर्म का विकल्प नहीं बन सकता।

---

[31] गरुड़ पुराण, प्रेतकल्प

[32] महाभारत, वनपर्व 313.117

ग्रह संकेतक हैं; वे निर्णयकर्ता नहीं।

वे समय की प्रवृत्ति को दर्शाते हैं, पर प्रतिक्रिया का चयन मनुष्य के हाथ में ही रहता है।

इस प्रकार कर्म का सिद्धांत ज्योतिष और वास्तु दोनों को उनके उचित, सीमित और संतुलित स्थान पर स्थापित करता है।

## निष्कर्ष: संतुलन का दार्शनिक बोध

संचित, प्रारब्ध और क्रियमाण—यह त्रि-स्तरीय व्यवस्था जीवन को सरल नहीं बनाती, बल्कि उसे समझने योग्य बनाती है। यह न पूर्ण नियतिवाद है, न पूर्ण स्वतंत्रतावाद; यह संतुलन है।

जीवन पृष्ठभूमि और चयन, दोनों का संयोजन है। परिस्थितियाँ मिलती हैं, पर प्रतिक्रिया का अधिकार बना रहता है।

यही कर्म-सिद्धांत का सार है—जीवन केवल भोग नहीं, सहभागिता है; केवल परिणाम नहीं, उत्तरदायित्व है।

अगले अध्याय में हम इसी संतुलित दृष्टि से स्वर्ग और नरक की अवधारणा को समझेंगे—क्या वे स्थायी दंड-स्थल हैं या चेतना की अवस्थाएँ।

## अध्याय ७

# स्वर्ग और नरक: स्थायी या अस्थायी अनुभव?

### मानव-चेतना का शाश्वत प्रश्न

स्वर्ग और नरक—ये दो अवधारणाएँ मानव-इतिहास के सबसे प्रभावशाली और गहन प्रतीकों में रही हैं। एक ओर स्वर्ग को आनंद, प्रकाश और पुरस्कार के रूप में देखा गया है, तो दूसरी ओर नरक को पीड़ा, अंधकार और दंड के रूप में। इन दोनों की कल्पना ने मनुष्य के नैतिक आचरण, भय, आशा और विश्वास—सभी को गहराई से प्रभावित किया है।

किन्तु सनातन दर्शन इन दोनों को स्थायी, अनंत और अपरिवर्तनीय स्थानों के रूप में नहीं देखता। वह इन्हें अनुभव की अवस्थाओं के रूप में समझता है—ऐसी अवस्थाएँ, जो कर्म-संतुलन की प्रक्रिया का अंग हैं। यदि कर्म स्वयं संतुलन का सिद्धांत है, तो स्वर्ग और नरक उसी संतुलन के अनुभवात्मक आयाम होंगे, न कि अंतिम और शाश्वत निष्कर्ष।

### शास्त्रीय आधार: अस्थायित्व का संकेत

कठोपनिषद् में यम और नचिकेता के संवाद में मृत्यु और परलोक का अत्यंत सूक्ष्म और दार्शनिक विवेचन मिलता है। वहाँ स्पष्ट

किया गया है कि जीव अपने कर्मों के अनुसार विभिन्न गतियाँ प्राप्त करता है।[33]

भगवद्गीता भी इस सिद्धांत को स्पष्ट रूप से उद्घाटित करती है—

**"ते तं भुक्त्वा स्वर्गलोकं विशालं

क्षीणे पुण्ये मर्त्यलोकं विशन्ति।"**[34]

अर्थात् जब पुण्य का क्षय हो जाता है, तब जीव पुनः मृत्यु-लोक में प्रवेश करता है। यह कथन एक अत्यंत महत्वपूर्ण सत्य की ओर संकेत करता है—**स्वर्ग भी स्थायी नहीं है**।

यदि स्वर्ग अस्थायी है, तो यह मानना तर्कसंगत है कि नरक भी स्थायी नहीं हो सकता। दोनों ही अवस्थाएँ कर्म के संतुलन की प्रक्रिया में आने वाले चरण हैं।

## दार्शनिक व्याख्या: अनुभव के आयाम

गरुड़ पुराण तथा अन्य पुराणों में स्वर्ग और नरक के विस्तृत और चित्रात्मक वर्णन मिलते हैं।[35] इन वर्णनों को यदि शाब्दिक रूप से ही ग्रहण किया जाए, तो वे भय उत्पन्न कर सकते हैं। परंतु उनका मूल उद्देश्य भय उत्पन्न करना नहीं, बल्कि नैतिक चेतना को जागृत करना है।

स्वर्ग उस अवस्था का प्रतीक है, जहाँ चेतना संतुलित, प्रसन्न और विस्तारशील होती है।

नरक उस अवस्था का प्रतीक है, जहाँ चेतना असंतुलित, संकुचित और पीड़ित होती है।

---

33 कठोपनिषद् 1.2.7–9
34 भगवद्गीता 9.21
35 गरुड़ पुराण, प्रेतकल्प

इस प्रकार दोनों ही अवस्थाएँ अनुभव हैं—अंतिम सत्य नहीं। वे चेतना के विभिन्न आयाम हैं, जो कर्म के अनुसार प्रकट होते हैं और संतुलन पूर्ण होने पर परिवर्तित हो जाते हैं।

## कर्म-संतुलन और अनुभव की प्रक्रिया

यदि कर्म को बीज माना जाए, तो उसका फल अनुभव के रूप में प्रकट होता है। यह अनुभव कभी सुखद होता है, कभी दुःखद; परंतु दोनों ही स्थितियाँ अस्थायी होती हैं।

इस प्रक्रिया को कुछ मूल बिंदुओं में समझा जा सकता है—

- कर्म का फल चेतना के स्तर पर अनुभव के रूप में प्रकट होता है।
- अनुभव अस्थायी होता है, पर उससे उत्पन्न संस्कार दीर्घकालिक हो सकते हैं।
- संतुलन पूर्ण होने पर अवस्था बदल जाती है।
- जन्म और मृत्यु इस संतुलन-प्रक्रिया के निरंतर चरण हैं।

इस प्रकार स्वर्ग और नरक जीवन-चक्र के भीतर आने वाले अनुभवात्मक चरण हैं, न कि अंतिम गंतव्य।

## स्थायित्व का भ्रम और प्रतीकात्मक भाषा

यह प्रश्न स्वाभाविक है कि यदि स्वर्ग और नरक अस्थायी हैं, तो शास्त्रों में उनका वर्णन इतना विस्तृत और प्रभावशाली क्यों किया गया है।

महाभारत का यह वचन इस संदर्भ में अत्यंत सार्थक है—

**"धर्मस्य तत्त्वं निहितं गुहायाम्।"**[36]

[36] महाभारत, वनपर्व 313.117

धर्म का तत्त्व सूक्ष्म और गूढ़ है। पुराणों की भाषा प्रतीकात्मक है; वह जटिल दार्शनिक सिद्धांतों को सरल और प्रभावशाली रूप में प्रस्तुत करने के लिए चित्रात्मक वर्णनों का उपयोग करती है।

उपनिषद इसी प्रतीकात्मकता के पार जाकर चेतना के गहन आयाम—साक्षी-सिद्धांत—की ओर संकेत करते हैं।

## आत्मा की असंगता: अनुभव से परे आयाम

यदि आत्मा असंग है, तो वह स्वर्ग और नरक दोनों से परे है।

**"असंगो ह्ययं पुरुषः।"**[37]

यह उद्घोष हमें यह समझने में सहायता करता है कि अनुभव, चाहे वह सुखद हो या दुःखद, आत्मा का अंतिम स्वरूप नहीं है।

जीव कर्म के अनुसार अनुभव करता है; आत्मा उस अनुभव की साक्षी रहती है। यही साक्षीभाव मनुष्य को अनुभव के बंधन से परे जाने की दिशा देता है।

## मनोवैज्ञानिक दृष्टि: भीतर का स्वर्ग और नरक

यदि स्वर्ग और नरक को केवल मृत्यु के बाद की अवस्थाओं के रूप में न देखकर, जीवन के भीतर की मनोवैज्ञानिक अवस्थाओं के रूप में देखा जाए, तो उनका अर्थ और भी स्पष्ट हो जाता है।

जब मन संतुलित होता है, अपराध-बोध से मुक्त होता है और कर्म शुद्ध होता है—तब वही अवस्था स्वर्ग के समान अनुभव होती है।

[37] बृहदारण्यक उपनिषद् 4.3.15

जब मन अशांत होता है, अपराध-बोध और असंतुलन से ग्रस्त होता है—तब वही अवस्था नरक के समान प्रतीत होती है।

इस प्रकार स्वर्ग और नरक केवल परलोक की अवधारणाएँ नहीं; वे जीवन के भीतर भी अनुभव किए जा सकते हैं।

## क्या प्रारब्ध शून्य हो जाता है?

एक सामान्य प्रश्न यह है कि यदि स्वर्ग या नरक में कर्म-फल का अनुभव हो जाता है, तो प्रारब्ध क्यों शेष रहता है।

शास्त्रीय दृष्टि यह बताती है कि जब तक कर्म का संतुलन पूर्णतः स्थापित नहीं होता, तब तक प्रक्रिया जारी रहती है। यदि कुछ संस्कार शेष रहते हैं, तो पुनर्जन्म आवश्यक हो जाता है।

इस प्रकार स्वर्ग और नरक पूर्ण विराम नहीं हैं; वे जीवन-चक्र के भीतर आने वाले अल्पविराम हैं।

## भय से उत्तरदायित्व की ओर

यदि स्वर्ग और नरक अस्थायी अवस्थाएँ हैं, तो उनका उद्देश्य भय उत्पन्न करना नहीं हो सकता। उनका वास्तविक उद्देश्य मनुष्य को उसके कर्मों के प्रति जागरूक और उत्तरदायी बनाना है।

भगवद्गीता का यह उपदेश इस संदर्भ में अत्यंत महत्वपूर्ण है—

**"उद्धरेदात्मनात्मानं नात्मानमवसादयेत्।"**[38]

मनुष्य स्वयं अपने उत्थान का कारण बन सकता है। यह घोषणा कर्म-सिद्धांत की परिपक्व व्याख्या है—जहाँ भय का स्थान नहीं, बल्कि जागरूकता और सहभागिता का स्थान है।

---

[38] भगवद्गीता 6.5

## ज्योतिष और कर्म का संबंध

यदि कर्म का संतुलन निरंतर चलने वाली प्रक्रिया है, तो ज्योतिष केवल उस संतुलन के समय-आयाम का संकेत दे सकता है। वह स्वर्ग या नरक की अंतिम घोषणा नहीं करता।

ग्रह संकेतक हैं, निर्णयकर्ता नहीं। वे समय की प्रवृत्तियों को दर्शाते हैं, परंतु अनुभव और प्रतिक्रिया का चयन मनुष्य के हाथ में ही रहता है।

इस प्रकार कर्म, स्वर्ग और नरक—तीनों को सम्यक् रूप से समझने पर नियतिवाद का भ्रम समाप्त हो जाता है और एक संतुलित दृष्टि विकसित होती है।

## निष्कर्ष: संतुलन का बोध, भय का अंत

स्वर्ग और नरक स्थायी दंड या पुरस्कार-स्थल नहीं हैं; वे कर्म-संतुलन की अस्थायी अवस्थाएँ हैं, जो चेतना के अनुभव के रूप में प्रकट होती हैं।

जीवन का उद्देश्य न तो स्वर्ग की प्राप्ति है और न ही नरक का भय; उसका उद्देश्य संतुलन की स्थापना है—ऐसा संतुलन, जो ज्ञान, कर्म और चेतना के समन्वय से उत्पन्न होता है।

जब यह दृष्टि स्पष्ट होती है, तब मनुष्य भय से मुक्त होकर उत्तरदायित्व, जागरूकता और आत्मबोध की दिशा में अग्रसर होता है।

अगले अध्याय में हम उस प्रश्न का सामना करेंगे, जो कर्म-सिद्धांत के संदर्भ में सबसे अधिक जिज्ञासा और चुनौती उत्पन्न करता है—क्यों कभी सज्जन दुःखी और दुष्ट सुखी दिखाई देता है।

## अध्याय ८

# क्यों सज्जन दुखी और दुष्ट सुखी दिखता है?

### कर्म-सिद्धांत की वास्तविक परीक्षा

कर्म का सिद्धांत सुनने में जितना सरल प्रतीत होता है—"जैसा कर्म, वैसा फल"—व्यवहार में उतना ही जटिल अनुभव होता है। जब हम संसार में दृष्टि डालते हैं, तो एक गहरा विरोधाभास सामने आता है: जो व्यक्ति सदाचारी, सत्यनिष्ठ और संयमी है, वह अनेक बार संघर्ष, अभाव और दुःख से घिरा हुआ दिखाई देता है; और जो व्यक्ति छल, स्वार्थ या अनैतिकता का आश्रय लेता है, वह कभी-कभी सुख-सुविधाओं में स्थित प्रतीत होता है।

यह प्रश्न केवल बौद्धिक जिज्ञासा नहीं है; यह नैतिक आस्था की कसौटी है। यदि इसका समाधान न मिले, तो कर्म-सिद्धांत पर विश्वास डगमगा सकता है। सनातन दर्शन इस प्रश्न से बचता नहीं, बल्कि उसे स्वीकार करता है और उसके गूढ़ आयामों में उतरने का मार्ग दिखाता है।

### दृश्य और अदृश्य का अंतर

मनुष्य जो देखता है, वह संपूर्ण सत्य नहीं होता; वह केवल वर्तमान क्षण का एक सीमित अंश होता है। हम किसी व्यक्ति का वर्तमान

सुख या दुःख देखते हैं, परंतु उसके संचित कर्मों और प्रारब्ध के दीर्घ इतिहास को नहीं देख पाते।

उपनिषद का यह वाक्य इस संदर्भ में मार्गदर्शक है—

**"यथा कर्मा तथा भवति।"**[39]

परंतु यहाँ "तथा" का अर्थ तत्काल नहीं है। कर्म बीज के समान है। बीज बोने के साथ ही फल नहीं मिलता; उसे अंकुरित होने, विकसित होने और परिपक्व होने के लिए समय की आवश्यकता होती है। कुछ बीज शीघ्र फल देते हैं, कुछ वर्षों बाद, और कुछ तो परिस्थितियों के अनुकूल होने तक सुप्त ही रहते हैं।

इस प्रकार दृश्य अनुभव केवल एक क्षण है; कर्म-संतुलन की पूरी प्रक्रिया उससे कहीं अधिक व्यापक है।

## प्रारब्ध और वर्तमान अनुभव का संबंध

यदि कोई दुष्ट व्यक्ति सुखी प्रतीत होता है, तो संभव है कि वह अपने पूर्व संचित पुण्य का प्रारब्ध भोग रहा हो। उसी प्रकार यदि कोई सज्जन व्यक्ति दुःख का अनुभव कर रहा है, तो वह भी पूर्व कर्मों के संतुलन का एक चरण हो सकता है।

भगवद्गीता इस जटिलता को स्वीकार करते हुए कहती है—

**"कर्मणो ह्यपि बोद्धव्यं बोद्धव्यं च विकर्मणः।"**[40]

अर्थात् कर्म को समझना सरल नहीं; उसमें सूक्ष्मता और गहराई है। केवल वर्तमान अनुभव के आधार पर अंतिम निष्कर्ष निकालना, सत्य को सीमित कर देना है।

---

[39] बृहदारण्यक उपनिषद् 4.4.5
[40] भगवद्गीता 4.17

## सुख और संतोष: बाह्य और आंतरिक का भेद

एक महत्वपूर्ण भ्रम यह है कि हम बाहरी सुविधा को ही सुख मान लेते हैं। परंतु क्या भौतिक समृद्धि ही वास्तविक संतोष है?

इस अंतर को समझने के लिए कुछ मूल बिंदुओं पर ध्यान देना आवश्यक है—

- बाहरी समृद्धि आंतरिक शांति की गारंटी नहीं होती।
- तात्कालिक लाभ दीर्घकालिक संतुलन का संकेत नहीं होता।
- दृश्य सफलता नैतिक स्थिरता का प्रमाण नहीं होती।
- दुःख कभी-कभी आत्मबल और परिष्कार का साधन बन सकता है।

महाभारत का यह वचन इस सूक्ष्मता को स्पष्ट करता है—

**"धर्मस्य तत्त्वं निहितं गुहायाम्।"**[41]

धर्म का तत्त्व गूढ़ है; वह बाहरी दृश्य से परे स्थित है।

## काल का तत्व: परिवर्तन की अनिवार्यता

काल संतुलन की प्रक्रिया का सबसे महत्वपूर्ण आयाम है। जो आज सुखी दिखाई दे रहा है, वह अनंत काल तक वैसा ही रहेगा, यह आवश्यक नहीं।

भगवद्गीता में श्रीकृष्ण का उद्‌घोष है—

**"कालोऽस्मि लोकक्षयकृत्।"**[42]

---

41 महाभारत, वनपर्व 313.117

42 भगवद्गीता 11.32

काल परिवर्तन का माध्यम है। वह स्थिरता को गतिशीलता में बदलता है और संतुलन को पुनः स्थापित करता है। इसलिए वर्तमान स्थिति को अंतिम सत्य मान लेना एक बौद्धिक त्रुटि है।

## सज्जन का दुःखः दंड नहीं, परिष्कार

सज्जन व्यक्ति का दुःख प्रायः दंड नहीं होता; वह एक प्रकार का आंतरिक परिष्कार भी हो सकता है। इतिहास और पुराणों में ऐसे अनेक उदाहरण मिलते हैं जहाँ महान व्यक्तित्वों ने कठिन परिस्थितियों का सामना किया, परंतु वही परिस्थितियाँ उनकी चेतना को और अधिक परिपक्व बनाती गईं।

भगवान राम का वनवास केवल एक दुःखद घटना नहीं था; वह मर्यादा और धर्म की स्थापना का माध्यम बना।[43]

भीष्म का शरशय्या पर स्थित होना केवल पीड़ा नहीं, बल्कि उनके व्रत और संकल्प की परिणति थी।[44]

इस प्रकार दुःख का अर्थ केवल दंड नहीं; वह विकास, परिष्कार और आत्मबल का माध्यम भी हो सकता है।

## दुष्ट का सुखः मोह और परीक्षा

यदि कोई दुष्ट व्यक्ति सुखी प्रतीत होता है, तो वह भी एक प्रकार की परीक्षा हो सकती है। बाहरी सुविधा कभी-कभी आंतरिक पतन का कारण भी बन सकती है।

---

[43] वाल्मीकि रामायण, अयोध्याकाण्ड

[44] महाभारत, भीष्म पर्व

भगवद्गीता इस संदर्भ में चेतावनी देती है—

**"त्रिविधं नरकस्येदं द्वारं नाशनमात्मनः—कामः क्रोधस्तथा लोभः।"**[45]

यदि सुख के माध्यम से ये प्रवृत्तियाँ बढ़ती हैं, तो वह वास्तविक सुख नहीं, बल्कि मोह का विस्तार है।

## मनोवैज्ञानिक आयाम: आंतरिक यथार्थ

मानव मन प्रायः बाहरी दृश्य के आधार पर निष्कर्ष निकालता है, परंतु प्रत्येक व्यक्ति का आंतरिक अनुभव अदृश्य होता है।

कभी-कभी जो व्यक्ति बाहर से सफल प्रतीत होता है, वह भीतर असंतोष, भय या अशांति से भरा हो सकता है। उसी प्रकार जो व्यक्ति बाहरी रूप से संघर्ष कर रहा है, वह भीतर से संतुलित और शांत हो सकता है।

इस प्रकार सज्जन और दुष्ट का प्रश्न केवल नैतिक नहीं, बल्कि गहन मनोवैज्ञानिक भी है।

## कर्म-संतुलन की व्यापकता

कर्म का संतुलन केवल व्यक्तिगत स्तर पर ही नहीं, बल्कि सामूहिक स्तर पर भी कार्य करता है। समाज, राष्ट्र और मानवता—सभी इस संतुलन की प्रक्रिया का भाग हैं।

कभी-कभी एक व्यक्ति ऐसे अनुभवों से गुजरता है, जो केवल व्यक्तिगत कर्म का परिणाम नहीं, बल्कि सामूहिक कर्म का भी प्रभाव हो सकता है। यह दृष्टि जटिल अवश्य है, परंतु संतुलित और व्यापक है।

[45] भगवद्गीता 16.21

## निष्कर्ष: समत्व की ओर यात्रा

सज्जन का दुःख और दुष्ट का सुख कर्म-सिद्धांत का खंडन नहीं; उसकी गहनता का संकेत है। जीवन को केवल तत्काल परिणामों के आधार पर समझना अधूरा है।

यदि संतुलन दीर्घकालिक है, तो धैर्य, विवेक और व्यापक दृष्टि आवश्यक है।

भगवद्गीता का यह वाक्य इस संदर्भ में अंतिम मार्गदर्शन प्रदान करता है—

**"समत्वं योग उच्यते।"**[46]

समत्व ही योग है। जब व्यक्ति सुख और दुःख दोनों को संतुलित दृष्टि से देखना सीख लेता है, तब यह प्रश्न उसकी आस्था को विचलित नहीं करता, बल्कि उसे और अधिक परिपक्व बनाता है।

अगले अध्याय में हम उन पौराणिक प्रसंगों की ओर बढ़ेंगे, जहाँ देवता और अवतार भी कर्म-संतुलन के अधीन दिखाई देते हैं—ताकि यह स्पष्ट हो सके कि यह नियम सार्वभौमिक है और किसी एक स्तर तक सीमित नहीं।

[46] भगवद्गीता 2.48

भाग ३

# पुराणों के प्रसंग: जब देवता भी कर्म से बंधे

# अध्याय ९

# राम: मर्यादा और प्रारब्ध

## अवतार और कर्म का प्रश्न: नियम से परे या नियम के भीतर?

कर्म-सिद्धांत की चर्चा जब अपने गहनतम स्तर पर पहुँचती है, तब एक स्वाभाविक प्रश्न उठता है—यदि यह नियम सार्वभौमिक है, तो क्या यह अवतारों पर भी लागू होता है? यदि भगवान स्वयं मानव रूप में अवतरित होते हैं, तो क्या वे प्रारब्ध और परिस्थितियों से परे रहते हैं, या वे भी उसी व्यवस्था के भीतर कार्य करते हैं?

राम का जीवन इस प्रश्न का अत्यंत संतुलित और दार्शनिक उत्तर प्रस्तुत करता है। वाल्मीकि रामायण में राम केवल दिव्यता के प्रतीक नहीं हैं; वे **मर्यादा पुरुषोत्तम** हैं—अर्थात् वे जो नियमों के भीतर रहकर आदर्श की स्थापना करते हैं।[47] यदि वे नियम से परे होते, तो उनके जीवन में मर्यादा का कोई अर्थ ही नहीं होता।

इस प्रकार राम का चरित्र यह संकेत करता है कि दिव्यता नियमों के उल्लंघन में नहीं, बल्कि उनके भीतर संतुलन स्थापित करने में प्रकट होती है।

[47] वाल्मीकि रामायण, बालकाण्ड 1

## वनवास: प्रारब्ध और पुरुषार्थ का संगम

राम का वनवास भारतीय चेतना में केवल एक ऐतिहासिक या पौराणिक घटना नहीं है; वह कर्म, प्रारब्ध और पुरुषार्थ के संबंध का जीवंत उदाहरण है। राजतिलक के पूर्व क्षणों में वनवास का निर्णय—यह केवल राजनीतिक परिस्थिति नहीं, बल्कि जीवन के अनिश्चित और अप्रत्याशित आयामों का प्रतीक है।

यहाँ प्रश्न यह नहीं है कि वनवास क्यों हुआ; बल्कि यह है कि राम ने उस परिस्थिति का उत्तर कैसे दिया।

भगवद्गीता का सिद्धांत इस संदर्भ में अत्यंत प्रासंगिक हो जाता है—

**"समत्वं योग उच्यते।"**[48]

राम ने परिस्थिति का विरोध नहीं किया, न ही उसे अन्याय मानकर त्याग दिया; उन्होंने उसे स्वीकार किया और उसके भीतर धर्म और संतुलन की स्थापना की।

यदि प्रारब्ध परिस्थिति प्रदान करता है, तो पुरुषार्थ उस परिस्थिति के प्रति प्रतिक्रिया को निर्धारित करता है। यही कर्म-सिद्धांत का वास्तविक आयाम है।

## मर्यादा: बंधन नहीं, संतुलन का विज्ञान

मर्यादा का सामान्य अर्थ सीमा या बंधन समझा जाता है, परंतु शास्त्रीय दृष्टि में मर्यादा का अर्थ संतुलन और अनुशासन है।

राम ने अपने पिता की प्रतिज्ञा को धर्म के रूप में स्वीकार किया। यह केवल बाध्यता नहीं थी; यह एक सजग चयन था। वे चाहें तो विरोध कर सकते थे, सत्ता प्राप्त कर सकते थे, परंतु उन्होंने व्यक्तिगत अधिकार से अधिक धर्म को महत्व दिया।

[48] भगवद्गीता 2.48

वाल्मीकि ने राम के चरित्र को इस प्रकार चित्रित किया है कि वे व्यक्तिगत पीड़ा के ऊपर सामूहिक व्यवस्था को रखते हैं।[49]

यहाँ कर्म-सिद्धांत की एक गहन परत उद्घाटित होती है—प्रारब्ध परिस्थिति देता है, परंतु धर्म उस परिस्थिति के भीतर चयन की दिशा प्रदान करता है।

## दुःख का आयाम: परिष्कार की प्रक्रिया

राम का जीवन केवल विजय, आदर्श और धर्म की कथा नहीं है; वह दुःख, विरह और परीक्षा की भी कथा है। सीता-वियोग, भ्रातृ-वियोग, प्रजा के लिए त्याग—ये सभी प्रसंग उस धारणा को चुनौती देते हैं कि दिव्यता केवल सुख का पर्याय है।

राम का जीवन हमें यह सिखाता है कि दुःख का अर्थ केवल दंड नहीं होता; वह परिष्कार, विस्तार और आत्मबल का माध्यम भी हो सकता है।

इस संदर्भ में कुछ मूल आयाम स्पष्ट होते हैं—

- दिव्यता दुःख से परे नहीं, बल्कि उसके भीतर संतुलित रहती है।
- प्रारब्ध परिस्थिति है, पर प्रतिक्रिया धर्ममय हो सकती है।
- त्याग व्यक्तिगत पीड़ा को व्यापक कल्याण में रूपांतरित कर सकता है।
- मर्यादा दीर्घकालिक संतुलन और व्यवस्था का आधार बनती है।

इस प्रकार दुःख केवल अनुभव नहीं, एक साधना भी बन सकता है।

[49] वाल्मीकि रामायण, अयोध्याकाण्ड

## अवतार और सार्वभौमिक नियम

यदि राम प्रारब्ध और परिस्थितियों से पूर्णतः परे होते, तो उनका जीवन मानव के लिए अनुकरणीय न बन पाता। उनका आदर्श इस तथ्य में है कि वे भी जीवन की कठिन परिस्थितियों से गुज़रे, परंतु उन्होंने संतुलन, धैर्य और धर्म का परित्याग नहीं किया।

महाभारत का यह वचन इस सत्य को पुष्ट करता है—

**"धर्मो रक्षति रक्षितः।"**[50]

जो धर्म की रक्षा करता है, धर्म उसकी रक्षा करता है। राम का जीवन इस वाक्य का जीवंत और सशक्त उदाहरण है।

## राम और काल: युग के भीतर संतुलन

राम का जीवन त्रेता युग में घटित होता है, और प्रत्येक युग अपनी विशिष्ट प्रवृत्तियों और चुनौतियों के साथ आता है। राम ने अपने युग की परिस्थितियों को न तो नकारा और न ही उन्हें परिवर्तित करने का प्रयास किया; उन्होंने उन्हीं के भीतर आदर्श स्थापित किया।

यहाँ काल और कर्म का गहन संवाद स्पष्ट होता है। काल परिस्थितियाँ प्रदान करता है; कर्म उनके भीतर दिशा निर्धारित करता है।

## प्रारब्ध की परिपक्व स्वीकृति

राम ने वनवास को पराजय के रूप में नहीं देखा; उन्होंने उसे साधना के रूप में स्वीकार किया। यही दृष्टि उन्हें सामान्य व्यक्ति से आदर्श पुरुष के स्तर पर स्थापित करती है।

---

[50] महाभारत, वनपर्व 313.128 (भावार्थ)

यदि प्रारब्ध को केवल बाधा या अन्याय माना जाए, तो मनुष्य टूट सकता है। परंतु यदि उसे आत्म-विकास और परिपक्वता का अवसर माना जाए, तो वही परिस्थिति साधना का मार्ग बन सकती है।

राम का जीवन इस परिपक्व स्वीकृति का सर्वोत्तम उदाहरण है।

## दार्शनिक निष्कर्ष: मर्यादा में स्वतंत्रता

राम का चरित्र यह स्पष्ट करता है कि प्रारब्ध सार्वभौमिक नियम का भाग है—चाहे वह साधारण मनुष्य हो या अवतार। परंतु प्रारब्ध अंतिम सत्य नहीं है; उसके भीतर मर्यादा, धर्म और पुरुषार्थ के माध्यम से प्रकाश उत्पन्न किया जा सकता है।

ज्योतिष यदि समय की लय को संकेत करता है, तो राम का जीवन उस लय के भीतर संतुलन स्थापित करने का उदाहरण प्रस्तुत करता है।

वास्तु यदि स्थान के संतुलन की बात करता है, तो राम का वनवास प्रकृति के साथ सामंजस्य का प्रतीक बन जाता है।

इस प्रकार राम का जीवन केवल कथा नहीं, बल्कि कर्म-सिद्धांत की एक जीवंत व्याख्या है।

## निष्कर्ष: प्रारब्ध से साधना तक

राम की कथा कर्म-सिद्धांत का खंडन नहीं करती; वह उसे और अधिक गहन और जीवंत बनाती है। वे यह दिखाते हैं कि जीवन की परिस्थितियों से भागना नहीं, बल्कि उन्हें धर्ममय बनाना ही वास्तविक संतुलन है।

मर्यादा केवल नियमों का पालन नहीं; वह चेतना की वह अवस्था है, जहाँ व्यक्ति परिस्थिति के भीतर रहते हुए भी संतुलन, धैर्य और आदर्श को बनाए रखता है।

अगले अध्याय में हम कृष्ण के जीवन की ओर बढ़ेंगे—जहाँ लीला, संतुलन और कालचक्र का एक अद्‌त और बहुआयामी समन्वय दृष्टिगोचर होता है।

## अध्याय १०

# कृष्ण: लीला, संतुलन और कालचक्र

### अवतार का दूसरा आयाम: मर्यादा से लीला तक

यदि राम मर्यादा के प्रतीक हैं, तो कृष्ण लीला, संतुलन और गतिशील चेतना के। राम का जीवन अनुशासन की स्पष्ट रेखाओं में प्रवाहित होता है, जहाँ प्रत्येक निर्णय धर्म की मर्यादा के भीतर स्थित है; वहीं कृष्ण का जीवन लय, प्रवाह और परिवर्तनशीलता की भाषा में अभिव्यक्त होता है, जहाँ परिस्थितियों के अनुरूप बुद्धि, नीति और कर्म का संतुलित प्रयोग दिखाई देता है।

किन्तु इन दोनों में एक गहरा और अदृश्य सूत्र समान है—**काल के भीतर संतुलन**। राम ने संतुलन को स्थिर मर्यादा में स्थापित किया, जबकि कृष्ण ने उसे गतिशील सहभागिता में व्यक्त किया।

कृष्ण का जीवन यह उद्‌घाटित करता है कि प्रारब्ध और पुरुषार्थ का संवाद केवल त्याग, सहनशीलता या नियम-पालन तक सीमित नहीं है; वह बुद्धि, नीति, साहस और समय की समझ के माध्यम से भी प्रकट हो सकता है।

## जन्म और परिस्थिति: प्रारब्ध का संकेत, चेतना की स्वतंत्रता

कृष्ण का जन्म कारागार में हुआ—यह तथ्य स्वयं में एक गहन दार्शनिक संकेत है। माता-पिता बंदी, राज्य में अत्याचार, जीवन निरंतर संकटग्रस्त—यह वह परिस्थिति है, जो सामान्यतः दुर्बलता और भय उत्पन्न करती है।

श्रीमद्भागवत महापुराण वर्णन करता है कि देवकी के गर्भ से जन्म लेकर कृष्ण ने कारागार की दीवारों के भीतर प्रथम श्वास ली।[51]

यहाँ एक गहरा सत्य निहित है—**प्रारब्ध परिस्थिति प्रदान करता है, परंतु चेतना उस परिस्थिति से बंधित नहीं होती**। जन्म की स्थिति सीमित हो सकती है, पर जीवन की दिशा उस सीमितता के भीतर ही निर्धारित होती है।

कृष्ण का प्रारंभिक जीवन यह स्पष्ट करता है कि दिव्यता सुविधा की मोहताज नहीं होती; वह विपरीत परिस्थितियों के भीतर भी प्रकाश उत्पन्न कर सकती है।

## लीला का दार्शनिक अर्थ: सहजता और समत्व

"लीला" शब्द का सामान्य अर्थ खेल समझा जाता है, परंतु शास्त्रीय दृष्टि में लीला का अर्थ है—**सहजता, स्वाभाविकता और निर्भार सहभागिता**।

कृष्ण ने जीवन को केवल कर्तव्य या संघर्ष के रूप में नहीं जिया; उन्होंने उसे एक लयबद्ध अनुभव के रूप में स्वीकार किया। उन्होंने अन्याय का प्रतिरोध किया, परंतु क्रोध में नहीं; उन्होंने युद्ध का मार्ग दिखाया, परंतु द्वेष में नहीं।

[51] श्रीमद्भागवत महापुराण, स्कंध 10

भगवद्गीता का यह उपदेश इसी संतुलन का सार है—

**"योगस्थः कुरु कर्माणि सङ्गं त्यक्त्वा धनंजय।"**[52]

अर्थात् योग में स्थित होकर, आसक्ति का त्याग करते हुए कर्म करो। यही कृष्ण के जीवन की धुरी है—पूर्ण सहभागिता, परंतु आंतरिक असंगता।

## कालचक्र और कृष्णः परिवर्तन की स्वीकृति

महाभारत के प्रसंगों में कृष्ण बार-बार काल का उल्लेख करते हैं। उनके लिए युद्ध केवल व्यक्तिगत संघर्ष नहीं, बल्कि समय की परिपक्वता का परिणाम है।

गीता में वे स्वयं को काल के रूप में उद्घोषित करते हैं—

**"कालोऽस्मि लोकक्षयकृत् प्रवृद्धः।"**[53]

यह उद्घोष भय उत्पन्न करने के लिए नहीं, बल्कि यह स्पष्ट करने के लिए है कि परिवर्तन अनिवार्य है। कृष्ण काल का विरोध नहीं करते; वे उसकी लय को पहचानते हैं और उसी के भीतर धर्म की स्थापना करते हैं।

इस प्रकार कृष्ण का जीवन हमें यह सिखाता है कि काल से संघर्ष नहीं, बल्कि उसके साथ समन्वय ही संतुलन का मार्ग है।

## संतुलन की बुद्धिः स्थिर नहीं, गतिशील

कृष्ण का संतुलन स्थिर नहीं है; वह परिस्थितियों के अनुसार बदलता है। यही उनकी विशेषता है। उनका जीवन केवल

52 भगवद्गीता 2.48
53 भगवद्गीता 11.32

आध्यात्मिक उपदेश नहीं, बल्कि व्यवहारिक बुद्धि और नीति का भी उदाहरण है।

उनके जीवन के कुछ प्रमुख आयाम इस संतुलन को स्पष्ट करते हैं—

- करुणा और रणनीति का संतुलित संयोजन।
- प्रेम और उत्तरदायित्व के बीच संतुलन।
- युद्ध और शांति का विवेकपूर्ण चयन।
- व्यक्तिगत संबंधों के भीतर भी व्यापक दृष्टि का निर्वाह।

इस प्रकार कृष्ण का संतुलन गतिशील है—वह समय, स्थान और परिस्थिति के अनुसार स्वयं को अभिव्यक्त करता है।

## कर्म और सहभागिता: धर्म का सक्रिय आयाम

कृष्ण ने अर्जुन को युद्ध के लिए प्रेरित किया, परंतु व्यक्तिगत प्रतिशोध के लिए नहीं—धर्म की स्थापना के लिए। उन्होंने अर्जुन को यह नहीं कहा कि वह परिस्थिति से भाग जाए; उन्होंने उसे यह सिखाया कि वह परिस्थिति के भीतर रहकर धर्म का पालन करे।

गीता का यह सूत्र इस संदर्भ में अत्यंत महत्वपूर्ण है—

**"स्वधर्मे निधनं श्रेयः परधर्मो भयावहः।"**[54]

अर्थात् अपने धर्म का पालन ही श्रेष्ठ है।

यहाँ कर्म दंड नहीं, बल्कि सजग सहभागिता है। यह जीवन से पलायन नहीं, बल्कि जीवन के भीतर उत्तरदायित्व का स्वीकार है।

---

[54] भगवद्गीता 3.35

## लीला और असंगता: सहभागिता का रहस्य

भागवत में कृष्ण की बाल-लीलाएँ उनकी सहजता और आनंद का प्रतीक हैं।[55] वही कृष्ण कुरुक्षेत्र में गीता का गहन उपदेश देते हैं।

यह द्वैत नहीं है; यह संतुलन है।

उपनिषद का साक्षी-सिद्धांत यहाँ पुनः प्रकट होता है—

**"असंगो ह्ययं पुरुषः।"**[56]

लीला का वास्तविक अर्थ है—कर्म में पूर्ण सहभागिता, परंतु भीतर से असंगता। यह स्थिति मनुष्य को कर्म के बंधन से मुक्त करते हुए उसे सक्रिय जीवन जीने की स्वतंत्रता देती है।

## कृष्ण और प्रारब्ध: स्वीकार और अतिक्रमण

कृष्ण का जीवन केवल विजय और उत्सव की कथा नहीं है; उसमें वियोग, संघर्ष और अंततः यदुवंश का विनाश भी है। द्वारका का अंत, अपने ही वंश का पतन—ये सभी घटनाएँ यह दर्शाती हैं कि अवतार भी कालचक्र और कर्म-संतुलन की प्रक्रिया के भीतर ही प्रकट होते हैं।

यदि कृष्ण पूर्णतः प्रारब्ध से परे होते, तो यह लीला अधूरी होती। उनका संदेश यह नहीं कि परिस्थिति से बचा जाए; बल्कि यह है कि परिस्थिति के भीतर संतुलित रहा जाए और उसे समझकर कर्म किया जाए।

## दार्शनिक निष्कर्ष: गतिशील संतुलन का सिद्धांत

कृष्ण का जीवन कर्म-सिद्धांत की एक गतिशील और बहुआयामी व्याख्या प्रस्तुत करता है। राम ने मर्यादा में संतुलन का आदर्श दिया; कृष्ण ने सहभागिता और बुद्धि में।

---

[55] श्रीमद्भागवत महापुराण, स्कंध 10 (बाल-लीला प्रसंग)

[56] बृहदारण्यक उपनिषद् 4.3.15

यदि ज्योतिष काल की लय का अध्ययन है, तो कृष्ण उस लय के जीवंत उदाहरण हैं—काल को समझना और उसके भीतर धर्म स्थापित करना।

यदि वास्तु स्थान का संतुलन है, तो कृष्ण का जीवन परिस्थितियों के भीतर संतुलन स्थापित करने का प्रतीक है।

इस प्रकार कृष्ण का जीवन हमें यह सिखाता है कि संतुलन स्थिर नहीं, बल्कि जीवंत और परिवर्तनीय है।

## निष्कर्ष: जीवन एक लीला है, बंधन नहीं

कृष्ण हमें यह सिखाते हैं कि जीवन केवल सहन करने की प्रक्रिया नहीं है; वह सजग, जागरूक और आनंदमय सहभागिता है।

प्रारब्ध पृष्ठभूमि प्रदान करता है।

पुरुषार्थ दिशा निर्धारित करता है।

काल परिवर्तन का माध्यम बनता है।

और संतुलन—वही योग है।

**"समत्वं योग उच्यते।"**

अगले अध्याय में हम भीष्म के जीवन की ओर बढ़ेंगे—जहाँ व्रत, वरदान और शरशय्या के माध्यम से कर्म-संतुलन का एक और गहन आयाम उद्घाटित होता है।

# अध्याय ११

# भीष्म: वरदान, व्रत और शरशय्या

## प्रतिज्ञा का भार: शक्ति या बंधन?

महाभारत का भीष्म केवल एक पराक्रमी योद्धा या राजनैतिक संरक्षक नहीं हैं; वे एक प्रतिज्ञा के जीवंत प्रतीक हैं। उनका जीवन यह गहन प्रश्न उठाता है कि क्या व्रत और वरदान मनुष्य को कर्म-संतुलन से मुक्त कर देते हैं, या वे भी उसी नियम के अधीन रहते हैं। यदि किसी को इच्छामृत्यु का वरदान प्राप्त हो, तो क्या वह नियति से परे हो जाता है, अथवा वह केवल अपने अनुभव के स्वरूप को बदलता है?

भीष्म की कथा इन प्रश्नों का अत्यंत संतुलित और यथार्थ उत्तर प्रस्तुत करती है। महाभारत के शांति पर्व में स्वयं भीष्म धर्म, राजधर्म और मोक्षधर्म पर विस्तृत उपदेश देते हैं।[57] उनके वचनों की प्रामाणिकता इस तथ्य में निहित है कि उन्होंने अपने जीवन में प्रतिज्ञा के परिणामों को भोगा, समझा और अंततः उन्हें ज्ञान में रूपांतरित किया।

[57] महाभारत, शांति पर्व

## भीष्म प्रतिज्ञा: चयन, त्याग और दूरगामी परिणाम

देवव्रत द्वारा लिया गया आजीवन ब्रह्मचर्य का व्रत भारतीय इतिहास की सबसे प्रसिद्ध प्रतिज्ञाओं में से एक है। यह व्रत उन्होंने अपने पिता की प्रसन्नता और राज्य की स्थिरता के लिए लिया था।[58] यह निर्णय किसी बाहरी दबाव का परिणाम नहीं था; यह उनका स्वैच्छिक चयन था।

किन्तु कर्म-सिद्धांत का एक मूल नियम है—**प्रत्येक चयन अपने साथ परिणाम को भी लाता है**।

भीष्म की प्रतिज्ञा को समझने के लिए कुछ प्रमुख आयामों पर विचार आवश्यक है—

- यह व्रत व्यक्तिगत त्याग का प्रतीक था, जिसमें उन्होंने अपने जीवन की निजी संभावनाओं का परित्याग किया।
- इसका उद्देश्य पारिवारिक और राजकीय संतुलन को बनाए रखना था।
- इसके परिणामस्वरूप उत्तराधिकार की जटिलताएँ उत्पन्न हुईं, जिन्होंने आगे चलकर महाभारत के संघर्ष को जन्म दिया।
- यह स्पष्ट करता है कि कर्म का फल केवल तत्काल नहीं, बल्कि दीर्घकालिक और व्यापक भी होता है।

इस प्रकार व्रत केवल तपस्या नहीं; वह एक कर्म है, जिसका प्रभाव समय के साथ विस्तृत होता जाता है।

[58] महाभारत, आदिपर्व (भीष्म प्रतिज्ञा प्रसंग)

## इच्छामृत्यु का वरदान: स्वतंत्रता या उत्तरदायित्व

भीष्म को यह अद्वितीय वरदान प्राप्त था कि वे अपनी मृत्यु का समय स्वयं चुन सकते थे।[59] यह वरदान सामान्य दृष्टि में पूर्ण स्वतंत्रता का प्रतीक प्रतीत होता है, परंतु उनके जीवन का अनुभव यह दर्शाता है कि यह स्वतंत्रता भी उत्तरदायित्व से मुक्त नहीं करती।

यदि यह वरदान उन्हें नियति से परे ले जाता, तो वे युद्ध में भाग लेने से बच सकते थे। परंतु उन्होंने अपनी प्रतिज्ञा और कर्तव्य के अनुसार हस्तिनापुर की रक्षा के लिए युद्धभूमि में प्रवेश किया।

यहाँ एक गहन सत्य प्रकट होता है—**वरदान शक्ति प्रदान करता है, परंतु वह कर्म के नियम को समाप्त नहीं करता**। वह केवल व्यक्ति को अपने अनुभव की दिशा और समय पर अधिक सजग बनाता है।

## शरशय्या: पीड़ा, परिष्कार और ज्ञान

कुरुक्षेत्र में भीष्म का बाणों की शय्या पर स्थित होना महाभारत का एक अत्यंत मार्मिक और दार्शनिक प्रसंग है। यह दृश्य केवल शारीरिक पीड़ा का प्रतीक नहीं है; यह कर्म और प्रारब्ध के गहन संवाद का प्रतीक है।

यह स्थिति दंड के रूप में भी देखी जा सकती है, परंतु उससे अधिक यह साधना और आत्मचिंतन का अवसर बन जाती है। महाभारत में वर्णित है कि इसी अवस्था में भीष्म ने युधिष्ठिर को राजधर्म, आचार और मोक्षधर्म का गहन उपदेश दिया।[60]

यहाँ एक महत्वपूर्ण परिवर्तन घटित होता है—**दुःख ज्ञान का माध्यम बन जाता है**।

---

[59] महाभारत, आदिपर्व (इच्छामृत्यु वरदान)

[60] महाभारत, शांति पर्व, मोक्षधर्म

## धर्म की जटिलता: निष्ठा और विरोधाभास

भीष्म का जीवन धर्म की जटिलता को अत्यंत स्पष्ट रूप से प्रकट करता है। उन्होंने आजीवन हस्तिनापुर की रक्षा का व्रत लिया, परंतु वही व्रत उन्हें उस पक्ष में खड़ा कर देता है, जहाँ अधर्म की प्रवृत्तियाँ स्पष्ट रूप से दिखाई देती हैं।

यहाँ कर्म-संतुलन का एक सूक्ष्म और गहन आयाम सामने आता है।

महाभारत का यह प्रसिद्ध वचन इस संदर्भ में अत्यंत सार्थक है—

**"धर्मस्य तत्त्वं निहितं गुहायाम्।"**[61]

अर्थात् धर्म का तत्त्व अत्यंत गूढ़ और सूक्ष्म है। कभी-कभी धर्म के प्रति निष्ठा भी परिस्थितियों में विरोधाभास उत्पन्न कर सकती है, और यही जीवन की जटिलता का वास्तविक स्वरूप है।

## काल और भीष्म: समय के प्रति सजगता

भीष्म ने अपनी मृत्यु के लिए उत्तरायण की प्रतीक्षा की—सूर्य के उत्तरायण होने पर ही उन्होंने देह त्याग किया।[62] यह केवल एक पौराणिक प्रसंग नहीं; यह समय के प्रति उनकी गहन जागरूकता का प्रतीक है।

यहाँ ज्योतिषीय काल-संरचना और कर्म-संतुलन का अद्‌त संगम दिखाई देता है। भीष्म यह दर्शाते हैं कि समय को समझना भाग्यवाद नहीं, बल्कि सजगता और विवेक का परिचायक है।

---

61 महाभारत, वनपर्व 313.117

62 महाभारत, अनुशासन पर्व (उत्तरायण प्रसंग)

## व्रत, वरदान और उत्तरदायित्वः तीन सूत्र

भीष्म के जीवन को तीन मूल सूत्रों में संक्षेपित किया जा सकता है—

- व्रत एक चयन है, जो त्याग और संकल्प दोनों का प्रतीक है।
- वरदान एक शक्ति है, जो व्यक्ति को विशेष सामर्थ्य प्रदान करता है।
- उत्तरदायित्व एक अनिवार्यता है, जो दोनों को संतुलित करता है।

इन तीनों के संतुलन में ही धर्म की वास्तविक अभिव्यक्ति होती है। यदि व्रत विवेकहीन हो जाए या वरदान अहंकार में परिवर्तित हो जाए, तो संतुलन भंग हो सकता है।

## भीष्म और कर्म-सिद्धांतः समत्व का आयाम

भीष्म का जीवन यह स्पष्ट करता है कि कर्म-सिद्धांत केवल सामान्य मनुष्यों तक सीमित नहीं; वह महायोद्धाओं, ऋषियों और अवतारों तक समान रूप से लागू होता है।

उन्होंने अपने चयन के परिणामों को स्वीकार किया और अंततः उसी अवस्था में ज्ञान का प्रसार किया।

भगवद्गीता का यह वचन यहाँ पुनः प्रासंगिक हो उठता है—

**"समत्वं योग उच्यते।"**[63]

भीष्म की शरशय्या इसी समत्व का प्रतीक बन जाती है—पीड़ा के भीतर भी संतुलन, संघर्ष के भीतर भी शांति।

---

[63] भगवद्गीता 2.48

## दार्शनिक निष्कर्ष: उत्तरदायित्व का आदर्श

भीष्म की कथा यह सिखाती है कि व्रत और वरदान व्यक्ति को कर्म-संतुलन से मुक्त नहीं करते; वे उसे और अधिक उत्तरदायी बना देते हैं।

यदि राम मर्यादा का आदर्श हैं और कृष्ण संतुलन का, तो भीष्म उत्तरदायित्व के प्रतीक हैं। उनका जीवन यह दर्शाता है कि शक्ति, संकल्प और ज्ञान तभी सार्थक होते हैं, जब वे उत्तरदायित्व के साथ संतुलित हों।

## निष्कर्ष: पीड़ा से प्रज्ञा तक

भीष्म की शरशय्या यह स्मरण कराती है कि जीवन की पीड़ा केवल दंड नहीं; वह प्रज्ञा का माध्यम भी बन सकती है। कर्म-संतुलन केवल सुख में नहीं, बल्कि दुःख के अनुभव में भी प्रकट होता है।

जब व्यक्ति अपने अनुभव को ज्ञान में रूपांतरित करता है, तब वह कर्म के चक्र को समझने की दिशा में आगे बढ़ता है।

अगले अध्याय में हम श्राप, अवतार और कर्म के सार्वभौमिक नियम की ओर बढ़ेंगे—जहाँ यह स्पष्ट होगा कि यह सिद्धांत किसी एक व्यक्ति, युग या परिस्थिति तक सीमित नहीं, बल्कि सम्पूर्ण अस्तित्व में व्याप्त है।

अध्याय १२

# श्राप, अवतार और कर्म का सार्वभौमिक नियम

## श्रापः दंड नहीं, दार्शनिक संकेत

भारतीय पुराणों, महाकाव्यों और कथा-परंपरा में "श्राप" एक अत्यंत प्रभावशाली अवधारणा के रूप में उपस्थित होता है। ऋषियों का क्रोध, देवताओं का आह्वान, माता-पिता की वाणी—इन सबके माध्यम से श्राप की घटनाएँ बार-बार सामने आती हैं। प्रथम दृष्टि में यह अलौकिक और चमत्कारिक प्रतीत होता है—मानो किसी के शब्द ही किसी का भाग्य बदल देते हों।

किन्तु सनातन दर्शन श्राप को इस सतही अर्थ तक सीमित नहीं रखता। वह उसे कर्म-संतुलन की एक तीव्र, त्वरित और प्रतीकात्मक अभिव्यक्ति के रूप में समझता है। श्राप अचानक घटित होता हुआ दिखाई देता है, परंतु उसका वास्तविक कारण पूर्ववर्ती कर्मों की उस श्रृंखला में निहित होता है, जो समय के साथ परिपक्व होकर एक निर्णायक बिंदु पर प्रकट होती है।

महाभारत का यह वचन इस गहनता की ओर संकेत करता है—

**"धर्मस्य तत्त्वं निहितं गुहायाम्।"**[64]

[64] महाभारत, वनपर्व 313.117

अर्थात् धर्म का तत्त्व अत्यंत सूक्ष्म और गूढ़ है। श्राप उसी गूढ़ संतुलन का एक दृश्य रूप है, जिसे कथा-परंपरा के माध्यम से व्यक्त किया गया है।

## श्राप का मनोवैज्ञानिक और दार्शनिक आयाम

यदि श्राप को केवल दैवी क्रोध या अलौकिक दंड के रूप में देखा जाए, तो उसका अर्थ अधूरा रह जाता है। वास्तव में, श्राप को बहुस्तरीय दृष्टि से समझना आवश्यक है।

इसके कुछ प्रमुख आयाम इस प्रकार हैं—

- यह कर्म के परिणाम का तीव्र और त्वरित प्रकट होना है, जहाँ संतुलन अचानक सामने आता है।
- यह चेतना के असंतुलन का प्रतिबिंब है, जो किसी विशेष घटना के माध्यम से व्यक्त होता है।
- यह नैतिक शिक्षा का प्रतीकात्मक साधन है, जिसके माध्यम से समाज को दिशा दी जाती है।
- यह कालचक्र में आने वाले परिवर्तन का संकेत भी हो सकता है, जहाँ एक अवस्था समाप्त होकर दूसरी प्रारंभ होती है।

इस प्रकार श्राप भाग्य-निर्धारण का अंतिम आदेश नहीं, बल्कि कर्म-संतुलन की एक सशक्त और प्रतीकात्मक अभिव्यक्ति है।

## अवतार और सार्वभौमिक नियम: अपवाद नहीं, माध्यम

यदि श्राप कर्म-संतुलन की अभिव्यक्ति है, तो एक स्वाभाविक प्रश्न उठता है—क्या अवतार इस व्यवस्था से परे होते हैं?

श्रीमद्भागवत महापुराण में वर्णित है कि भगवान समय-समय पर अवतार लेकर धर्म की पुनर्स्थापना करते हैं।[65] भगवद्गीता में श्रीकृष्ण स्वयं कहते हैं—

**"यदा यदा हि धर्मस्य ग्लानिर्भवति भारत,

अभ्युत्थानमधर्मस्य तदात्मानं सृजाम्यहम्।"**[66]

यहाँ एक महत्वपूर्ण तथ्य स्पष्ट होता है—अवतार का उद्देश्य नियम को नकारना नहीं, बल्कि उसे पुनर्संतुलित करना है। वे व्यवस्था के अपवाद नहीं, बल्कि उसी व्यवस्था के भीतर कार्य करने वाले माध्यम हैं।

## राम और श्राप: दंड से जागरण तक

रामायण में श्राप से जुड़े अनेक प्रसंग मिलते हैं, जिनमें अहिल्या का प्रसंग विशेष रूप से उल्लेखनीय है।[67] अहिल्या का पत्थर बन जाना और राम के स्पर्श से पुनः चेतन होना केवल दंड और उद्धार की कथा नहीं है; यह चेतना के असंतुलन और उसके पुनर्जागरण की प्रक्रिया का प्रतीक है।

यह प्रसंग यह संकेत करता है कि श्राप स्थायी दंड नहीं है; वह एक संक्रमणकाल है। जब कर्म का संतुलन पूर्ण होता है, तब परिवर्तन और पुनरुत्थान संभव हो जाता है।

---

65 श्रीमद्भागवत महापुराण, स्कंध 1

66 भगवद्गीता 4.7

67 वाल्मीकि रामायण, बालकाण्ड (अहिल्या प्रसंग)

## कृष्ण और शाप-परंपरा: कालचक्र की स्वीकृति

महाभारत में गांधारी का शाप, जिसके परिणामस्वरूप यदुवंश का विनाश होता है, एक अत्यंत महत्वपूर्ण प्रसंग है।[68] यह घटना यह दर्शाती है कि अवतार भी कालचक्र और कर्म-संतुलन की प्रक्रिया से पूर्णतः अलग नहीं होते।

कृष्ण की उपस्थिति के बावजूद यदुवंश का विनाश यह संकेत करता है कि काल और कर्म की व्यवस्था किसी एक व्यक्ति, चाहे वह अवतार ही क्यों न हो, के अधीन नहीं होती।

यहाँ एक गहन सत्य प्रकट होता है—**दिव्यता नियम को समाप्त नहीं करती; वह उसके भीतर संतुलन स्थापित करती है**।

## श्राप और वरदान: द्वंद्व नहीं, संतुलन

पुराणों और महाकाव्यों में श्राप और वरदान दोनों का समान रूप से उल्लेख मिलता है। सामान्यतः वरदान को सकारात्मक और श्राप को नकारात्मक माना जाता है, परंतु शास्त्रीय दृष्टि में दोनों ही कर्म-संतुलन के अंग हैं।

इस संतुलन को कुछ बिंदुओं में समझा जा सकता है—

- वरदान अवसर प्रदान करता है, जिससे चेतना अपनी क्षमता को व्यक्त कर सके।
- श्राप चेतावनी देता है, जिससे असंतुलन को पहचाना जा सके।
- दोनों ही कर्म के परिणामों की अभिव्यक्ति हैं।
- दोनों अस्थायी हैं; शाश्वत केवल संतुलन का नियम है।

[68] महाभारत, मौसल पर्व

इस प्रकार श्राप और वरदान विरोधी नहीं, बल्कि एक ही प्रक्रिया के दो आयाम हैं।

## कर्म का सार्वभौमिक नियम: किसी से परे नहीं

यदि अवतार, ऋषि और देवता भी कर्म-संतुलन की प्रक्रिया में भाग लेते हैं, तो यह स्पष्ट हो जाता है कि यह सिद्धांत किसी एक व्यक्ति, जाति या युग तक सीमित नहीं है।

उपनिषद का यह उद्घोष इस सार्वभौमिकता को स्पष्ट करता है—

**"यथा कर्मा तथा भवति।"**[69]

यह नियम न तो किसी विशेष के पक्ष में है और न ही किसी के विरोध में; यह केवल संतुलन के पक्ष में है।

## कालचक्र और पुनर्संतुलन: युगों की प्रक्रिया

पुराणों में वर्णित युग-चक्र—सत्ययुग, त्रेतायुग, द्वापर और कलियुग—केवल समय की गणना नहीं है; यह नैतिक और आध्यात्मिक संतुलन की प्रक्रिया का प्रतीक है।

जब असंतुलन बढ़ता है, तब परिवर्तन अनिवार्य हो जाता है। अवतार उस परिवर्तन के माध्यम होते हैं, न कि उस नियम के अपवाद।

इस प्रकार कालचक्र कर्म-संतुलन की व्यापकता को दर्शाता है, जहाँ प्रत्येक युग अपने भीतर संतुलन और असंतुलन का संवाद लेकर आता है।

---

[69] बृहदारण्यक उपनिषद् 4.4.5

## श्राप का अंतिम अर्थ: भय नहीं, बोध

यदि श्राप को केवल भय की दृष्टि से देखा जाए, तो वह अंधविश्वास का कारण बन सकता है। परंतु यदि उसे कर्म-संतुलन की प्रतीकात्मक भाषा के रूप में समझा जाए, तो वह एक गहन दार्शनिक उपकरण बन जाता है।

श्राप यह स्मरण कराता है कि कर्म का परिणाम अनिवार्य है।

अवतार यह स्मरण कराते हैं कि संतुलन पुनः स्थापित किया जा सकता है।

इस प्रकार दोनों मिलकर एक ही सत्य की ओर संकेत करते हैं—जीवन व्यवस्था से संचालित है, और उस व्यवस्था का केंद्र संतुलन है।

## दार्शनिक निष्कर्ष: संतुलन ही अंतिम सत्य

श्राप और अवतार—दोनों ही कर्म के सार्वभौमिक नियम को पुष्ट करते हैं। यह नियम किसी व्यक्ति, परिस्थिति या समय के पक्ष में नहीं; वह केवल संतुलन के पक्ष में है।

ज्योतिष यदि समय की लय को समझने का प्रयास है, और वास्तु यदि स्थान के संतुलन का विज्ञान है, तो दोनों ही इसी व्यापक व्यवस्था के अंग हैं।

भय इस व्यवस्था की समझ में बाधा है; उत्तरदायित्व उसकी स्वीकृति का मार्ग है।

## निष्कर्ष: व्यवस्था, कर्म और चेतना

श्राप, वरदान और अवतार—ये सभी सनातन कथा-परंपरा के माध्यम हैं, जिनके पीछे एक गहरा दार्शनिक सत्य निहित है। वह सत्य यह है कि ब्रह्मांड अराजक नहीं, बल्कि व्यवस्था से संचालित है।

उस व्यवस्था का नैतिक आयाम **कर्म** है।

उस व्यवस्था का कालिक आयाम **ज्योतिष** है।

उस व्यवस्था का स्थानिक आयाम **वास्तु** है।

और उस व्यवस्था का अंतिम साक्षी **चेतना** है।

अगले अध्याय में हम प्रारब्ध के उस केंद्रीय प्रश्न की ओर बढ़ेंगे—**जन्म से पहले क्या निश्चित होता है?**—जहाँ कर्म, काल और चेतना का संवाद और अधिक स्पष्ट रूप से प्रकट होगा।

भाग ४

# प्रारब्ध का रहस्य

# अध्याय १३

# प्रारब्धः जन्म से पहले क्या तय होता है?

## जन्म से पूर्व का प्रश्नः जिज्ञासा और जटिलता

मानव-चेतना के सबसे गहन और सूक्ष्म प्रश्नों में से एक यह है—क्या जन्म से पहले कुछ निर्धारित होता है? यदि होता है, तो उसका स्वरूप क्या है और उसकी सीमा कहाँ तक है? यदि कुछ भी पूर्वनिर्धारित नहीं है, तो फिर जन्म-परिस्थितियों में इतना वैषम्य क्यों दिखाई देता है?

क्यों कोई व्यक्ति समृद्धि, सुरक्षा और अवसरों से युक्त परिवार में जन्म लेता है, जबकि कोई अन्य अभाव, संघर्ष और असुरक्षा के वातावरण में? क्यों किसी की देह जन्म से ही सुदृढ़ होती है और किसी की दुर्बल? क्यों किसी के लिए मार्ग सहज प्रतीत होते हैं, और किसी के लिए हर कदम पर बाधाएँ उपस्थित होती हैं?

ये प्रश्न केवल सामाजिक या आर्थिक विश्लेषण से पूर्णतः समझे नहीं जा सकते; इनका उत्तर अस्तित्व के दार्शनिक आयाम में निहित है। सनातन परंपरा इस जिज्ञासा से बचती नहीं, बल्कि उसे "प्रारब्ध" के सिद्धांत के माध्यम से समझने का प्रयास करती है।

## प्रारब्ध का अर्थः आरंभित कर्म का परिणाम

"प्रारब्ध" शब्द का शाब्दिक अर्थ है—जो आरंभ हो चुका है, जो गति में आ चुका है। दार्शनिक दृष्टि से यह संचित कर्म का वह अंश है, जो वर्तमान जन्म में फलित होने के लिए सक्रिय हुआ है।

बृहदारण्यक उपनिषद् का यह वाक्य इस सिद्धांत का आधार प्रस्तुत करता है—

**"यथा कर्मा तथा भवति।"**[70]

यह केवल नैतिक शिक्षा नहीं, बल्कि अस्तित्व की संरचना का उद्घोष है। यदि कर्म बीज के समान है, तो उसका अंकुरण किसी न किसी समय अवश्य होगा।

इस प्रकार प्रारब्ध उस बीज का अंकुर है, जो अब अनुभव के रूप में प्रकट हो रहा है।

## जन्म की परिस्थितियाँः संयोग नहीं, निरंतरता

शास्त्र यह संकेत करते हैं कि जीव अपने संस्कारों के अनुसार गर्भ को प्राप्त होता है। जन्म केवल एक जैविक घटना नहीं; वह चेतना, संस्कार और कर्म की निरंतरता का एक चरण है।

भगवद्गीता में श्रीकृष्ण कहते हैं—

**"शुचीनां श्रीमतां गेहे योगभ्रष्टोऽभिजायते।"**[71]

अर्थात् जो साधक अपने पूर्व प्रयासों में पूर्णता तक नहीं पहुँच पाया, वह भी अनुकूल और श्रेष्ठ परिस्थितियों में जन्म ले सकता है।

---

[70] बृहदारण्यक उपनिषद् 4.4.5

[71] भगवद्गीता 6.41

यह वाक्य यह स्पष्ट करता है कि जन्म-परिस्थितियाँ केवल संयोग का परिणाम नहीं हैं; वे एक दीर्घकालिक प्रक्रिया का भाग हैं।

## पूर्वनिर्धारण का प्रश्न: सीमा और स्वतंत्रता

यहाँ एक महत्वपूर्ण भ्रम उत्पन्न होता है—यदि प्रारब्ध जन्म से पहले निर्धारित है, तो क्या जीवन की प्रत्येक घटना पूर्वनिर्धारित है?

**सनातन दृष्टि इसका संतुलित उत्तर देती है—नहीं।**

इस सत्य को समझने के लिए कुछ मूल भेदों को स्पष्ट रखना आवश्यक है—

- प्रारब्ध जीवन की पृष्ठभूमि है, सम्पूर्ण कथा नहीं।
- वह परिस्थितियाँ प्रदान करता है, पर निर्णय नहीं करता।
- वह अवसर और चुनौती दोनों का आधार बन सकता है।
- प्रतिक्रिया और चयन की स्वतंत्रता वर्तमान में विद्यमान रहती है।

यदि सब कुछ पूर्वनिर्धारित होता, तो पुरुषार्थ, साधना और नैतिक प्रयास का कोई अर्थ ही नहीं रह जाता।

## देह, परिवार और आयु: प्रारब्ध की सीमाएँ

शास्त्रीय परंपरा यह स्वीकार करती है कि जन्म की कुछ मूलभूत स्थितियाँ—जैसे देह की प्रकृति, माता-पिता, जन्म-स्थान और कुछ प्रमुख जीवन-घटनाएँ—प्रारब्ध के अंतर्गत आ सकती हैं।[72]

परंतु इसका अर्थ यह नहीं कि जीवन पूर्णतः स्थिर है। आयु की गुणवत्ता, स्वास्थ्य, मानसिक संतुलन और जीवन की दिशा—

[72] गरुड़ पुराण, कर्म-गति प्रसंग

ये सभी आचरण, जीवन-शैली और जागरूकता से प्रभावित होते हैं।

इस प्रकार प्रारब्ध स्थिर भाग्य नहीं, बल्कि एक गतिशील पृष्ठभूमि है, जिसके भीतर जीवन की कथा आगे बढ़ती है।

## ज्योतिष और प्रारब्ध: संकेत, कारण नहीं

यदि जन्म के क्षण में ग्रहों की स्थिति उस समय-संरचना का प्रतिबिंब है, तो वह प्रारब्ध की पृष्ठभूमि को संकेतित कर सकती है।

परंतु यहाँ एक अत्यंत महत्वपूर्ण अंतर समझना आवश्यक है—**ग्रह कारण नहीं, संकेतक हैं**।

यदि ग्रहों को कारण मान लिया जाए, तो कर्म का सिद्धांत कमज़ोर पड़ जाता है। यदि उन्हें संकेत माना जाए, तो वे केवल समय की प्रवृत्तियों को समझने का साधन बनते हैं।

इस प्रकार ज्योतिष प्रारब्ध का दर्पण हो सकता है, उसका निर्माता नहीं।

## प्रारब्ध और आत्मबल: भय नहीं, जागरूकता

प्रारब्ध का ज्ञान भय उत्पन्न करने के लिए नहीं, बल्कि आत्मबल जागृत करने के लिए है।

भगवद्गीता का यह उपदेश इस संदर्भ में अत्यंत महत्वपूर्ण है—

**"उद्धरेदात्मनात्मानं नात्मानमवसादयेत्।"**[73]

[73] भगवद्गीता 6.5

यदि प्रारब्ध पूर्णतः अपरिवर्तनीय होता, तो यह उपदेश निरर्थक होता। यह वाक्य यह स्पष्ट करता है कि मनुष्य के भीतर स्वयं को उठाने की क्षमता विद्यमान है।

## दुःख और परिपक्वता: अनुभव का रूपांतरण

प्रारब्ध कभी-कभी ऐसे अनुभव लाता है, जो कठिन और चुनौतीपूर्ण होते हैं। परंतु कठिनाई का अर्थ केवल दंड नहीं है; वह परिपक्वता और आत्म-विकास का अवसर भी हो सकती है।

राम का वनवास, कृष्ण का कारागार-जन्म और भीष्म की शरशय्या—ये सभी उदाहरण यह दर्शाते हैं कि प्रारब्ध की पृष्ठभूमि में भी पुरुषार्थ और चेतना के माध्यम से जीवन को अर्थपूर्ण बनाया जा सकता है।

इस प्रकार दुःख केवल अनुभव नहीं; वह चेतना के विस्तार का माध्यम भी बन सकता है।

## मनोवैज्ञानिक दृष्टि: परंपरा और आधुनिकता का संवाद

आधुनिक मनोविज्ञान यह स्वीकार करता है कि जन्म-परिस्थितियाँ व्यक्ति के व्यक्तित्व और जीवन-दृष्टि को प्रभावित करती हैं। परंतु वह यह भी मानता है कि व्यक्ति अपने निर्णयों, प्रयासों और चेतना के माध्यम से अपने जीवन की दिशा को परिवर्तित कर सकता है।

यह विचार प्रारब्ध और पुरुषार्थ के संतुलन से भिन्न नहीं है। इस प्रकार परंपरा और आधुनिकता दोनों एक ही सत्य की ओर संकेत करते हैं—पृष्ठभूमि महत्वपूर्ण है, परंतु अंतिम निर्धारण नहीं।

## दार्शनिक संतुलन: स्वीकृति और साक्षीभाव

प्रारब्ध को स्वीकार करना पराजय नहीं; यह परिपक्कता का संकेत है। इससे भयभीत होना अज्ञान का लक्षण है।

उपनिषद का साक्षी-सिद्धांत यहाँ मार्गदर्शन प्रदान करता है—

**"असंगो ह्ययं पुरुषः।"**[74]

यदि आत्मा असंग है, तो प्रारब्ध अंतिम सत्य नहीं; वह केवल अनुभव का एक आयाम है। चेतना उसके पार जाकर उसे देख सकती है।

## निष्कर्ष: पृष्ठभूमि, पुरुषार्थ और चेतना

इस प्रकार यह स्पष्ट होता है कि जन्म से पहले कुछ तत्व निश्चित हो सकते हैं—परिस्थितियाँ, प्रवृत्तियाँ और संभावनाएँ। परंतु जीवन की दिशा केवल प्रारब्ध से निर्धारित नहीं होती।

प्रारब्ध आधार है।

पुरुषार्थ मार्ग है।

चेतना साक्षी है।

ज्योतिष इस आधार को संकेत कर सकता है, और वास्तु उस आधार के भीतर संतुलन प्रदान कर सकता है; परंतु अंतिम उत्तरदायित्व मनुष्य के हाथ में ही रहता है।

अगले अध्याय में हम इसी प्रश्न को और गहराई से समझेंगे—**कौन तय करता है माता-पिता, आयु और परिस्थिति?**—जहाँ कर्म, काल और चेतना का संबंध और अधिक स्पष्ट होगा।

[74] बृहदारण्यक उपनिषद् 4.3.15

## अध्याय १४

# कौन तय करता है माता-पिता, आयु और परिस्थिति?

**निर्णायक कौन है: ईश्वर, कर्म या स्वयं चेतना?**

जब प्रारब्ध की अवधारणा पर गंभीरता से विचार किया जाता है, तब एक अत्यंत सूक्ष्म और दार्शनिक प्रश्न स्वाभाविक रूप से उभरता है—यदि जन्म से पूर्व कुछ निश्चित होता है, तो उसका निर्धारण कौन करता है? क्या कोई दैवी सत्ता प्रत्येक जीव के लिए माता-पिता, आयु और जीवन की परिस्थितियों का सूक्ष्म नियोजन करती है? या यह संपूर्ण प्रक्रिया किसी अदृश्य, परंतु स्वायत्त नियम के अंतर्गत स्वतः घटित होती है?

सनातन दर्शन इस प्रश्न का उत्तर किसी दंडात्मक या मनमानी करने वाले ईश्वर की अवधारणा में नहीं देता। वह इसे एक ऐसी व्यवस्था के रूप में प्रस्तुत करता है, जहाँ कर्म स्वयं कारण बनता है और परिणाम उसी का स्वाभाविक विस्तार होता है।

उपनिषद का उद्‌घोष इस सत्य को अत्यंत स्पष्टता से व्यक्त करता है—

**"यथा कर्मा तथा भवति।"**[75]

[75] बृहदारण्यक उपनिषद् 4.4.5

अर्थात् जैसा कर्म, वैसा ही परिणाम। यहाँ कोई बाहरी निर्णायक नहीं, बल्कि स्वयं कर्म ही कारण और परिणाम दोनों के रूप में कार्य करता है। यह व्यवस्था बाह्य नियंत्रण नहीं, आंतरिक नियमबद्धता का संकेत देती है।

## माता-पिता का प्रश्न: चयन नहीं, संस्कारों का आकर्षण

मानव-जीवन का एक प्रमुख प्रश्न यह है कि हम किस परिवार में जन्म लेते हैं—क्या यह केवल संयोग है, या इसके पीछे कोई गहरा कारण है?

शास्त्र संकेत करते हैं कि जीव अपने संस्कारों के अनुरूप ही गर्भ को प्राप्त होता है। यह प्रक्रिया किसी सचेत, बौद्धिक "चयन" के रूप में नहीं होती, बल्कि एक सूक्ष्म आकर्षण के रूप में घटित होती है। जैसे जल स्वाभाविक रूप से नीचे की ओर प्रवाहित होता है, या जैसे बीज उसी भूमि में अंकुरित होता है जहाँ उसकी प्रकृति के अनुकूल परिस्थितियाँ उपलब्ध हों, उसी प्रकार चेतना अपने संचित संस्कारों के अनुरूप गर्भ की ओर आकर्षित होती है।

भगवद्गीता का यह वचन इस सिद्धांत को और स्पष्ट करता है—

**"शुचीनां श्रीमतां गेहे योगभ्रष्टोऽभिजायते।"**[76]

अर्थात् पूर्व साधना से युक्त जीव अनुकूल और संस्कारित परिवार में जन्म ले सकता है।

इस प्रकार माता-पिता का निर्धारण किसी बाहरी निर्णय का परिणाम नहीं, बल्कि संस्कारों और कर्मों की आंतरिक संगति का स्वाभाविक परिणाम है।

[76] भगवद्गीता 6.41

## आयु का प्रश्न: स्थिरता और लचीलापन का संतुलन

आयु का विषय शास्त्रीय परंपरा में अत्यंत जटिल और बहुआयामी माना गया है। कुछ ग्रंथ इसे प्रारब्ध का निश्चित भाग मानते हैं, जबकि अन्य इसे आचरण, स्वास्थ्य और जीवन-शैली से प्रभावित होने वाला तत्व भी स्वीकार करते हैं।

महाभारत में इस विषय की जटिलता को स्वीकार करते हुए यह संकेत दिया गया है कि आयु, कर्म और प्रयास के बीच संबंध रेखीय नहीं, बल्कि बहुस्तरीय है।[77]

इस संतुलन को कुछ बिंदुओं में समझा जा सकता है—

जन्म के समय एक आधार-आयु प्रारब्ध से संबंधित हो सकती है।

- जीवन-शैली, आहार-विहार और मानसिक संतुलन आयु की गुणवत्ता और अवधि को प्रभावित कर सकते हैं।
- अप्रत्याशित घटनाएँ भी कर्म-संतुलन की व्यापक प्रक्रिया का भाग हो सकती हैं।
- आयु का वास्तविक मूल्य उसकी अवधि में नहीं, बल्कि उसकी चेतनात्मक गुणवत्ता में निहित है।

इस प्रकार आयु कोई कठोर रेखा नहीं, बल्कि संभावनाओं का एक विस्तृत क्षेत्र है, जिसमें प्रारब्ध और पुरुषार्थ दोनों का योगदान होता है।

## परिस्थिति और पुरुषार्थ: पृष्ठभूमि और चयन का संवाद

यदि माता-पिता और जन्म-स्थान प्रारब्ध का भाग हैं, तो क्या जीवन की समस्त परिस्थितियाँ भी पूर्वनिर्धारित हैं?

[77] महाभारत, शांति पर्व (आयु और कर्म प्रसंग)

भगवद्गीता इस प्रश्न का अत्यंत संतुलित उत्तर प्रस्तुत करती है—

**"कर्मण्येवाधिकारस्ते मा फलेषु कदाचन।"**[78]

यह वाक्य यह स्पष्ट करता है कि मनुष्य का अधिकार कर्म पर है, न कि केवल परिणाम पर।

परिस्थितियाँ प्रारंभिक पृष्ठभूमि प्रदान करती हैं, परंतु उनके भीतर प्रतिक्रिया और निर्णय का अधिकार मनुष्य के पास रहता है। यही पुरुषार्थ का क्षेत्र है।

इस प्रकार जीवन एक स्थिर पटकथा नहीं, बल्कि पृष्ठभूमि और चयन के बीच निरंतर संवाद है।

### ईश्वर की भूमिका: साक्षी, नियामक, परंतु हस्तक्षेपकारी नहीं

यह प्रश्न भी स्वाभाविक है कि यदि सब कुछ कर्म-संतुलन से संचालित है, तो ईश्वर की भूमिका क्या है?

उपनिषद और गीता दोनों ईश्वर को साक्षी, आधार और नियामक के रूप में प्रस्तुत करते हैं, परंतु वे कर्म के नियम को भंग नहीं करते।

भगवद्गीता में कहा गया है—

**"ईश्वरः सर्वभूतानां हृद्देशेऽर्जुन तिष्ठति।"**[79]

अर्थात् ईश्वर प्रत्येक प्राणी के हृदय में स्थित हैं।

---

[78] भगवद्गीता 2.47
[79] भगवद्गीता 18.61

यहाँ ईश्वर व्यवस्था के आधार हैं, परंतु वे कर्म-संतुलन को निरस्त नहीं करते। इस प्रकार ईश्वर व्यवस्था के निर्माता हैं, परंतु परिणाम कर्म के अनुसार ही प्रकट होता है।

## ज्योतिष और जन्म-क्षण: प्रतिबिंब की भूमिका

जन्म के क्षण में ग्रहों की स्थिति को ज्योतिष में अत्यंत महत्व दिया गया है। परंतु यह समझना आवश्यक है कि यह स्थिति कारण नहीं, बल्कि उस समय-संरचना का प्रतिबिंब है जिसमें जन्म घटित हुआ है।

ग्रह किसी घटना को बाध्य नहीं करते; वे केवल उस काल की प्रवृत्तियों को संकेतित करते हैं।

इस प्रकार ज्योतिष प्रारब्ध का दर्पण हो सकता है, परंतु वह उसका निर्माता नहीं। यह अंतर समझे बिना ज्योतिष भय का कारण बन सकता है; समझने पर वह जागरूकता का साधन बन जाता है।

## अन्याय का प्रश्न: दृश्य और अदृश्य का अंतर

जब हम जन्म-वैषम्य को देखते हैं—किसी का जन्म समृद्धि में, किसी का अभाव में—तो स्वाभाविक रूप से अन्याय का भाव उत्पन्न हो सकता है।

परंतु यदि जीवन को केवल एक जन्म तक सीमित न मानकर एक दीर्घकालिक प्रक्रिया के रूप में देखा जाए, तो यह वैषम्य संतुलन की व्यापक प्रक्रिया का भाग प्रतीत होता है।

महाभारत का यह वचन पुनः इस गूढ़ता की ओर संकेत करता है—

**"धर्मस्य तत्त्वं निहितं गुहायाम्।"**[80]

[80] महाभारत, वनपर्व 313.117

जो दृश्य है, वह सम्पूर्ण सत्य नहीं; वह केवल एक अंश है।

## स्वीकृति और परिपक्वता: निष्क्रियता नहीं, जागरूकता

प्रारब्ध को स्वीकार करना निष्क्रियता नहीं, बल्कि परिपक्वता का लक्षण है। स्वीकृति का अर्थ है—परिस्थिति को समझना, उसे अस्वीकार करने के स्थान पर उसके भीतर सजगता के साथ कर्म करना।

भगवद्गीता का यह आश्वासन इस दृष्टि को स्थिर करता है—

**"मां शुचः।"**[81]

अर्थात् शोक मत करो।

जब यह दृष्टि स्पष्ट होती है, तब जन्म-परिस्थितियाँ भय का कारण नहीं रहतीं; वे उत्तरदायित्व का क्षेत्र बन जाती हैं।

## दार्शनिक निष्कर्ष: व्यवस्था, संतुलन और उत्तरदायित्व

इस प्रकार यह स्पष्ट होता है कि माता-पिता, आयु और जन्म-परिस्थिति का निर्धारण किसी मनमाने निर्णय का परिणाम नहीं है। यह कर्म-संतुलन की एक स्वायत्त, सूक्ष्म और निरंतर कार्यशील व्यवस्था का अंग है।

ईश्वर इस व्यवस्था के साक्षी और आधार हैं, परंतु कर्म का नियम ही उसके संचालन का मूल तत्त्व है।

प्रारब्ध पृष्ठभूमि है।

पुरुषार्थ दिशा है।

---

[81] भगवद्गीता 18.66 ("मां शुचः")

चेतना अंतिम साक्षी है।

जब यह त्रि-संतुलन समझ में आता है, तब जीवन नियतिवाद का बंधन नहीं रहता, बल्कि सजग सहभागिता का अवसर बन जाता है।

अगले अध्याय में हम इसी प्रश्न को और अधिक तीक्ष्णता से समझेंगे—**यदि कुछ निर्धारित है, तो पुरुषार्थ का वास्तविक स्थान कहाँ है?**

## अध्याय १५

# क्या सब पूर्वनिर्धारित है? पुरुषार्थ कहाँ है?

### नियतिवाद का प्रलोभन: भय और भ्रम का संगम

जब मनुष्य प्रारब्ध, कर्म और जन्म-परिस्थितियों के प्रश्न पर गंभीरता से विचार करता है, तो उसके भीतर एक सूक्ष्म और गहरा भय जन्म लेता है—क्या सब कुछ पहले से ही निर्धारित है? यदि जन्म, परिवार, आयु और कुछ प्रमुख जीवन-अनुभव पहले से निश्चित हैं, तो क्या मनुष्य केवल एक कठपुतली मात्र है, जो अदृश्य सूत्रों से संचालित हो रहा है?

यह प्रश्न केवल दार्शनिक विमर्श का विषय नहीं है; यह जीवन की अर्थवत्ता से जुड़ा हुआ है। यदि सब कुछ पूर्वनिर्धारित मान लिया जाए, तो प्रयास निरर्थक प्रतीत होने लगता है। और यदि कुछ भी निर्धारित न हो, तो जीवन अराजक और दिशाहीन प्रतीत होगा।

सनातन दर्शन इन दोनों अतियों—पूर्ण नियतिवाद और पूर्ण स्वतंत्रतावाद—से सावधानीपूर्वक बचता है। वह न तो मनुष्य को पूर्णतः बंधन में देखता है, और न ही उसे पूर्णतः स्वतंत्र घोषित करता है। वह जीवन को एक संतुलित संरचना के रूप में देखता है, जहाँ पृष्ठभूमि और चयन, दोनों का समन्वय होता है।

## प्रारब्धः पृष्ठभूमि, न कि सम्पूर्ण कथा

प्रारब्ध का अर्थ है—जो आरंभ हो चुका है, जो गति में आ चुका है। यह जन्म की पृष्ठभूमि है—देह की प्रकृति, कुछ अनिवार्य परिस्थितियाँ, और जीवन के कुछ प्रारंभिक आयाम।

परंतु पृष्ठभूमि सम्पूर्ण नाटक नहीं होती। वह केवल मंच है, जिस पर जीवन की कथा आगे बढ़ती है।

भगवद्गीता का यह उद्‌घोष इस सत्य को स्पष्ट करता है—

**"कर्मण्येवाधिकारस्ते मा फलेषु कदाचन।"**[82]

यदि सब कुछ पूर्वनिर्धारित होता, तो कर्म पर अधिकार का यह विधान निरर्थक हो जाता। यह श्लोक यह स्थापित करता है कि मनुष्य के पास कर्म का अधिकार है—अर्थात् चयन और प्रयास का क्षेत्र उसके लिए खुला है।

## प्रकृति और पुरुषार्थः दो स्तरों का संवाद

भगवद्गीता में एक अन्य श्लोक जीवन की इस द्विस्तरीय संरचना को और स्पष्ट करता है—

**"प्रकृतेः क्रियमाणानि गुणैः कर्माणि सर्वशः।"**[83]

अर्थात् प्रकृति अपने गुणों के माध्यम से कर्मों को संचालित करती है।

यहाँ "प्रकृति" का अर्थ है—देह, मन, प्रवृत्तियाँ, संस्कार और परिस्थितियाँ। ये सभी जीवन के बाह्य और आंतरिक आयामों को प्रभावित करते हैं।

---

82 भगवद्गीता 2.47
83 भगवद्गीता 3.27

परंतु यही गीता अर्जुन से यह भी कहती है कि वह विवेक के साथ निर्णय ले। इसका अर्थ यह है कि मनुष्य के भीतर एक ऐसा तत्व भी है जो प्रकृति के प्रभाव से परे जाकर निर्णय कर सकता है।

इस प्रकार जीवन में दो स्तर स्पष्ट रूप से विद्यमान हैं—

एक, प्रकृति का प्रभाव;

दूसरा, चेतना का चयन।

## नियतिवाद की सीमाएँ: उत्तरदायित्व का प्रश्न

यदि यह मान लिया जाए कि सब कुछ पूर्वनिर्धारित है, तो नैतिक उत्तरदायित्व का कोई अर्थ नहीं रह जाता। यदि किसी का कर्म भी पूर्वनिर्धारित है, तो न अपराध का दोष रहेगा, न सदाचार का मूल्य।

इस स्थिति में धर्म, नैतिकता और उत्तरदायित्व—तीनों ही अपनी सार्थकता खो देते हैं।

इस संदर्भ में कुछ मूलभूत निष्कर्ष अत्यंत महत्वपूर्ण हैं—

- पूर्ण नियतिवाद मनुष्य के उत्तरदायित्व को समाप्त कर देता है।
- पूर्ण स्वतंत्रतावाद जीवन की व्यवस्था को नकार देता है।
- वास्तविकता इन दोनों के मध्य स्थित है।
- जीवन पृष्ठभूमि (प्रारब्ध) और चयन (पुरुषार्थ) का संयुक्त परिणाम है।

महाभारत का यह वचन इस गूढ़ता को पुनः रेखांकित करता है—

**"धर्मस्य तत्त्वं निहितं गुहायाम्।"**[84]

धर्म का तत्त्व अत्यंत सूक्ष्म है; उसे सरल सूत्रों में बाँधा नहीं जा सकता।

---

[84] महाभारत, वनपर्व 313.117

## पुरुषार्थ: केवल प्रयास नहीं, सजग प्रयास

"पुरुषार्थ" शब्द का अर्थ केवल प्रयास करना नहीं है, बल्कि सजगता के साथ, विवेक के साथ, और उत्तरदायित्व के साथ प्रयास करना है।

उपनिषदों में आत्मबोध की साधना का उल्लेख करते हुए कहा गया है—

**"उत्तिष्ठत जाग्रत प्राप्य वरान्निबोधत।"**[85]

अर्थात् उठो, जागो और ज्ञान प्राप्त करो।

यदि सब कुछ पूर्वनिर्धारित होता, तो यह आह्वान निरर्थक होता। यह उद्घोष इस तथ्य को स्थापित करता है कि मनुष्य के भीतर परिवर्तन की क्षमता और स्वतंत्रता का क्षेत्र विद्यमान है।

पुरुषार्थ का क्षेत्र वर्तमान क्षण है।

प्रारब्ध परिस्थितियाँ प्रदान करता है।

पुरुषार्थ प्रतिक्रिया का चयन करता है।

यही वह बिंदु है जहाँ स्वतंत्रता का वास्तविक अनुभव संभव होता है।

## बीज और माली: एक सशक्त रूपक

जीवन को समझने के लिए एक सरल परंतु गहरा रूपक सहायक हो सकता है। यदि संचित कर्म बीज है, और प्रारब्ध उसका अंकुर है, तो वर्तमान क्षण उस माली का हाथ है जो उस पौधे की देखभाल करता है।

---

[85] कठोपनिषद् 1.3.14

माली मौसम को नियंत्रित नहीं कर सकता, वर्षा को रोक नहीं सकता, या धूप को बदल नहीं सकता। परंतु वह यह अवश्य तय कर सकता है कि पौधे की देखभाल कैसे की जाए—उसे जल दिया जाए, उसकी रक्षा की जाए, या उसे उपेक्षित छोड़ दिया जाए।

यह रूपक यह स्पष्ट करता है कि जीवन में कुछ तत्व हमारे नियंत्रण से बाहर हैं, परंतु कुछ अत्यंत महत्वपूर्ण तत्व हमारे चयन पर निर्भर हैं।

## ज्योतिष और नियतिवाद का भ्रम

ज्योतिष के संदर्भ में सबसे बड़ा भ्रम यही है कि वह भविष्य को निश्चित कर देता है। यदि ग्रहों को जीवन का नियंता मान लिया जाए, तो पुरुषार्थ का स्थान समाप्त हो जाएगा।

परंतु शास्त्रीय दृष्टि में ग्रह कारण नहीं, बल्कि संकेतक हैं। वे समय की गुणवत्ता को प्रतिबिंबित करते हैं, निर्णय नहीं करते।

यह अंतर अत्यंत सूक्ष्म, परंतु अत्यंत महत्वपूर्ण है। इसे समझे बिना ज्योतिष भय का कारण बन सकता है; इसे समझ लेने पर वही ज्योतिष जागरूकता का साधन बन जाता है।

## स्वतंत्रता का आधार: साक्षी-चेतना

बृहदारण्यक उपनिषद् में आत्मा को असंग कहा गया है—

**"असंगो ह्ययं पुरुषः।"**86

यदि आत्मा असंग है, तो वह प्रकृति, संस्कार और परिस्थितियों के पूर्ण बंधन में नहीं है।

---

86 बृहदारण्यक उपनिषद् 4.3.15

स्वतंत्रता का अर्थ बाहरी परिस्थितियों से पूर्णतः मुक्त होना नहीं, बल्कि भीतर से सजग और संतुलित होना है।

यही साक्षीभाव पुरुषार्थ को दिशा देता है और प्रारब्ध के प्रभाव को संतुलित करता है।

## कठिनाई और चयन: जीवन के उदाहरण

जीवन में आने वाली कठिनाइयाँ कभी-कभी प्रारब्ध का भाग हो सकती हैं, परंतु उनका उत्तर पूर्वनिर्धारित नहीं होता।

राम का वनवास प्रारब्ध था; परंतु मर्यादा उनका पुरुषार्थ था। कृष्ण का कारागार-जन्म परिस्थिति था; परंतु लीला और नीति उनका पुरुषार्थ था।

भीष्म की शरशय्या परिणाम थी; परंतु उपदेश और समत्व उनका पुरुषार्थ था।

ये उदाहरण स्पष्ट करते हैं कि नियति और पुरुषार्थ विरोधी नहीं, बल्कि परस्पर पूरक हैं।

## समत्व: पुरुषार्थ की पराकाष्ठा

भगवद्गीता का यह सूत्र इस संतुलन का अंतिम सार प्रस्तुत करता है—

**"समत्वं योग उच्यते।"**[87]

यदि परिणाम पूर्णतः हमारे नियंत्रण में न भी हो, तब भी समत्व का चयन हमारे हाथ में है।

[87] भगवद्गीता 2.48

यही वह बिंदु है जहाँ पुरुषार्थ अपनी पराकाष्ठा को प्राप्त करता है—परिस्थितियों के भीतर संतुलित रहना।

**अध्याय का निष्कर्ष: संतुलन ही सत्य है**

इस प्रकार यह स्पष्ट होता है कि—

सब कुछ पूर्वनिर्धारित नहीं है।

और सब कुछ पूर्णतः स्वतंत्र भी नहीं है।

जीवन एक संयुक्त संरचना है, जिसमें प्रारब्ध की पृष्ठभूमि और पुरुषार्थ की दिशा मिलकर अनुभव की वास्तविकता का निर्माण करते हैं।

नियतिवाद भय उत्पन्न करता है, क्योंकि वह मनुष्य को असहाय बना देता है।

स्वतंत्रता उत्तरदायित्व उत्पन्न करती है, क्योंकि वह मनुष्य को सक्रिय और सजग बनाती है।

ज्योतिष और वास्तु का संतुलित उपयोग तभी संभव है, जब पुरुषार्थ का स्थान स्पष्ट रूप से समझा जाए।

अगले अध्याय में हम इस प्रश्न की ओर बढ़ेंगे—**क्या प्रारब्ध को जानना भय उत्पन्न करता है, या वह आत्मबल और जागरूकता का स्रोत बन सकता है?**

# अध्याय १६

# प्रारब्ध को जानना: भय या आत्मबल?

**ज्ञान का द्वार: भय की ओर या बोध की ओर?**

जब मनुष्य प्रारब्ध के सिद्धांत के समीप आता है, तो उसके भीतर दो परस्पर भिन्न दिशाएँ एक साथ खुलती हैं—एक भय की, दूसरी बोध की। यह द्वंद्व स्वयं प्रारब्ध में नहीं, बल्कि उसे देखने की दृष्टि में निहित है। यदि प्रारब्ध को कठोर, अपरिवर्तनीय और दंडात्मक नियति के रूप में समझा जाए, तो वह मन को संकुचित करता है, चेतना को भयग्रस्त बनाता है और जीवन को एक अनिवार्य बंधन के रूप में प्रस्तुत करता है।

इसके विपरीत, यदि उसी प्रारब्ध को कर्म-संतुलन की एक परिपक्व और न्यायसंगत प्रक्रिया के रूप में देखा जाए, तो वही ज्ञान मनुष्य के भीतर आत्मबल, स्पष्टता और उत्तरदायित्व का उदय करता है।

इस प्रकार प्रश्न प्रारब्ध का नहीं, बल्कि उसकी व्याख्या का है। ज्ञान स्वयं निष्पक्ष होता है; वह जिस दृष्टि से ग्रहण किया जाता है, उसी के अनुसार उसका प्रभाव निर्मित होता है। यही कारण है कि एक ही सिद्धांत किसी को भयभीत कर सकता है, और किसी अन्य को मुक्त भी कर सकता है।

## प्रारब्ध का वास्तविक स्वरूप: पृष्ठभूमि, न कि बंधन

दार्शनिक दृष्टि से प्रारब्ध संचित कर्म का वह भाग है, जो वर्तमान जीवन में फलित होने के लिए सक्रिय हुआ है। यह जीवन की पृष्ठभूमि का निर्माण करता है—जन्म की परिस्थितियाँ, कुछ अपरिहार्य अनुभव, और कुछ ऐसे मोड़ जिन्हें पूर्णतः टाला नहीं जा सकता।

परंतु यह समझना अत्यंत आवश्यक है कि प्रारब्ध सम्पूर्ण जीवन नहीं है। वह केवल वह मंच है, जिस पर जीवन का नाटक आगे बढ़ता है।

भगवद्गीता का यह उपदेश इस संतुलन को स्पष्ट करता है—

**"उद्धरेदात्मनात्मानं नात्मानमवसादयेत्।"**[88]

यदि प्रारब्ध पूर्णतः अपरिवर्तनीय और सर्वनियंता होता, तो आत्मोद्धार का यह आह्वान निरर्थक होता। यह श्लोक इस तथ्य को स्थापित करता है कि मनुष्य के भीतर स्वयं को उठाने की क्षमता विद्यमान है।

अतः प्रारब्ध की स्वीकृति का अर्थ निष्क्रियता नहीं, बल्कि यथार्थ की सजग पहचान है।

## भय की उत्पत्ति: ज्ञान का विकृत रूप

भय तब उत्पन्न होता है जब प्रारब्ध को उसके संतुलित स्वरूप में नहीं, बल्कि विकृत और अधूरी समझ के साथ ग्रहण किया जाता है। जब व्यक्ति यह मान लेता है कि उसका भविष्य किसी अदृश्य शक्ति द्वारा पूर्णतः नियंत्रित है, और उसके प्रयासों का कोई मूल्य नहीं, तब उसकी चेतना सिकुड़ जाती है और जीवन एक बोझ के रूप में अनुभव होने लगता है।

इस स्थिति में ज्ञान का स्थान अंधविश्वास ले लेता है।

---

[88] भगवद्गीता 6.5

भय की उत्पत्ति के कुछ प्रमुख कारण निम्नलिखित हैं—

- अधूरी या आंशिक जानकारी, जो संपूर्ण संदर्भ को प्रस्तुत नहीं करती।
- ज्योतिषीय या आध्यात्मिक भाषा की गलत और अतिशयोक्तिपूर्ण व्याख्या।
- परिणामों को अंतिम और अपरिवर्तनीय सत्य मान लेना।
- पुरुषार्थ और वर्तमान चयन की भूमिका को न समझ पाना।

जब ये सभी कारक एक साथ सक्रिय होते हैं, तब प्रारब्ध का विचार मानसिक बंधन बन जाता है, जो मनुष्य को स्वतंत्रता के स्थान पर असहायता की ओर ले जाता है।

## आत्मबल की संभावना: ज्ञान का सकारात्मक रूपांतरण

इसके विपरीत, जब प्रारब्ध को संतुलन की प्रक्रिया के रूप में समझा जाता है, तो उसका प्रभाव पूर्णतः भिन्न होता है। वह यह बोध कराता है कि जीवन में जो कुछ भी घटित हो रहा है, वह निरर्थक नहीं है; उसके पीछे एक क्रम, एक कारण और एक गहन संरचना विद्यमान है।

यह समझ व्यक्ति को असहाय नहीं बनाती, बल्कि उसे सजग और उत्तरदायी बनाती है।

भगवद्गीता का यह सूत्र इस संदर्भ में अत्यंत महत्वपूर्ण है—

**"कर्मण्येवाधिकारस्ते मा फलेषु कदाचन।"**[89]

फल का क्षेत्र पूर्णतः हमारे नियंत्रण में नहीं हो सकता, परंतु कर्म का क्षेत्र सदैव हमारे अधिकार में रहता है। यही आत्मबल का वास्तविक स्रोत है।

[89] भगवद्गीता 2.47

## ज्योतिष: भय का माध्यम या तैयारी का साधन

ज्योतिष का मूल उद्देश्य भय उत्पन्न करना नहीं, बल्कि समय की लय को समझाना है। यदि किसी व्यक्ति को यह बताया जाए कि उसके जीवन में कोई चुनौतीपूर्ण काल आ सकता है, तो इसका अर्थ यह नहीं कि वह अनिवार्य रूप से विनाशकारी होगा।

उसका वास्तविक अर्थ यह है कि उस समय अधिक सजगता, धैर्य और संतुलन की आवश्यकता होगी।

जब समय की प्रकृति समझ में आती है, तो मनुष्य अपने कर्मों को अधिक सावधानी से चुनता है, अपने निर्णयों में संतुलन लाता है और संभावित कठिनाइयों के लिए स्वयं को तैयार करता है।

तैयारी भय का प्रतिरोध है।

यदि ज्योतिष को निर्णय के रूप में लिया जाए, तो भय उत्पन्न होता है; यदि उसे संकेत के रूप में समझा जाए, तो वही ज्योतिष आत्मबल और जागरूकता का साधन बन जाता है।

## वास्तु: बाहरी संरचना से आंतरिक स्थिरता तक

वास्तु भी इसी प्रकार एक संतुलन का विज्ञान है, न कि भय का उपकरण। यदि किसी स्थान की संरचना में असंतुलन है और उसे सुधारने के उपाय उपलब्ध हैं, तो यह परिवर्तन मनुष्य के भीतर आत्मविश्वास और स्थिरता को बढ़ाता है।

परंतु जब प्रत्येक छोटी असंगति को संकट के रूप में प्रस्तुत किया जाता है, तब वास्तु ज्ञान का नहीं, अंधविश्वास का माध्यम बन जाता है।

इसलिए आवश्यक है कि ज्ञान का प्रयोग संतुलन और सुधार के लिए किया जाए, न कि नियंत्रण और भय उत्पन्न करने के लिए।

## स्वीकृति और सक्रियता: परिपक्व दृष्टि का निर्माण

प्रारब्ध की स्वीकृति का अर्थ निष्क्रियता नहीं है। यह जीवन की वास्तविकता को पहचानने का एक परिपक्व प्रयास है। जब व्यक्ति यह स्वीकार करता है कि कुछ परिस्थितियाँ उसके नियंत्रण से बाहर हैं, तब वह अपनी ऊर्जा उन क्षेत्रों में केंद्रित करता है जो उसके नियंत्रण में हैं।

यही दृष्टि उसे असहायता से निकालकर सक्रियता की ओर ले जाती है।

उपनिषद का साक्षी-सिद्धांत इस समझ को और गहरा करता है—

**"असंगो ह्ययं पुरुषः।"**[90]

यदि आत्मा असंग है, तो वह परिस्थितियों से पूर्णतः बंधी नहीं है। वह उनके बीच रहते हुए भी उनसे ऊपर उठ सकती है।

## समत्व की साधना: अंतिम संतुलन

प्रारब्ध का ज्ञान अंततः समत्व की साधना की ओर ले जाता है। जीवन में सुख और दुःख दोनों अनिवार्य रूप से उपस्थित होते हैं। यदि मनुष्य केवल सुख की अपेक्षा रखता है और दुःख से भयभीत होता है, तो उसका संतुलन टूट जाता है।

भगवद्गीता का यह सूत्र इस संतुलन का अंतिम मार्गदर्शन करता है—

**"समत्वं योग उच्यते।"**[91]

समत्व ही योग है।

---

[90] बृहदारण्यक उपनिषद् 4.3.15
[91] भगवद्गीता 2.48

जब प्रारब्ध का ज्ञान इस समत्व के साथ जुड़ता है, तब वह भय का कारण नहीं रहता; वह आंतरिक स्थिरता और मानसिक संतुलन का आधार बन जाता है।

**अंतिम निष्कर्ष: भय से बोध की ओर**

इस प्रकार यह स्पष्ट होता है कि प्रारब्ध को जानना अपने आप में न तो भय का कारण है, और न ही आत्मबल का। उसका प्रभाव इस बात पर निर्भर करता है कि उसे किस दृष्टि से समझा गया है।

यदि उसे दंडात्मक नियति के रूप में देखा जाए, तो वह भय उत्पन्न करता है।

यदि उसे कर्म-संतुलन की पृष्ठभूमि के रूप में स्वीकार किया जाए, तो वही ज्ञान आत्मबल का स्रोत बन जाता है।

प्रारब्ध परिस्थिति है।

पुरुषार्थ प्रतिक्रिया है।

समत्व स्थिरता है।

ज्योतिष और वास्तु तभी सार्थक हैं, जब वे मनुष्य को निर्भर नहीं, बल्कि सजग, संतुलित और आत्मनिर्भर बनाते हैं।

अगले अध्याय में हम ज्योतिष के उस मूल प्रश्न की ओर बढ़ेंगे—**क्या ज्योतिष भाग्य लिखता है, या केवल उसका दर्पण है?**

भाग ५

# ज्योतिष: संकेत, नियंत्रण नहीं

# अध्याय १७

# क्या ज्योतिष भाग्य लिखता है?

**मूल प्रश्न: दर्पण या निर्धारक?**

ज्योतिष के संबंध में सबसे व्यापक और साथ ही सबसे भ्रमित करने वाला प्रश्न यह है—क्या ज्योतिष भाग्य को लिखता है, या केवल उसे पढ़ता है? क्या ग्रह मनुष्य के जीवन को नियंत्रित करते हैं, या वे केवल उस जीवन-प्रवाह के संकेतक हैं जो पहले से किसी गहरे नियम के अंतर्गत चल रहा है?

यह प्रश्न केवल बौद्धिक जिज्ञासा का विषय नहीं है; यह भय और स्वतंत्रता, दोनों के बीच की सीमा रेखा को निर्धारित करता है। यदि ज्योतिष को भाग्य-निर्माता मान लिया जाए, तो मनुष्य का पुरुषार्थ गौण हो जाता है। यदि उसे पूर्णतः अस्वीकार कर दिया जाए, तो समय और परिस्थिति की समझ का एक महत्वपूर्ण उपकरण खो जाता है।

सनातन दृष्टि इन दोनों अतियों से बचते हुए ज्योतिष को एक **दर्पण** के रूप में प्रस्तुत करती है—न कि एक निर्णायक सत्ता के रूप में।

## ज्योतिष का शास्त्रीय आधार: गणना, न कि घोषणा

वेदांग ज्योतिष का मूल स्वर भविष्यवाणी नहीं, बल्कि **काल-गणना** है। यह उन नियमों का अध्ययन है जिनके आधार पर सूर्य, चंद्रमा और नक्षत्र अपनी गति से समय की संरचना निर्मित करते हैं।

प्राचीन मनीषियों ने आकाशीय पिंडों की गति का सूक्ष्म अवलोकन किया, ताकि जीवन की गतिविधियाँ प्रकृति की लय के साथ संतुलित रह सकें। उनका उद्देश्य किसी व्यक्ति के जीवन का कठोर निर्णय देना नहीं था, बल्कि समय की प्रवृत्तियों को समझना था।

इस दृष्टि से ज्योतिष एक विज्ञान है—गणना, अवलोकन और अनुभव का संयोजन—न कि भय उत्पन्न करने वाला तंत्र।

### ग्रह: कारण नहीं, संकेतक

ज्योतिष के संदर्भ में सबसे महत्वपूर्ण अंतर यह समझना है कि **ग्रह कारण नहीं, संकेतक हैं**।

ग्रहों की स्थिति उस समय-संरचना का प्रतिबिंब होती है, जिसमें कोई घटना घटित होती है। वे यह नहीं तय करते कि क्या होगा; वे यह संकेत देते हैं कि समय की प्रवृत्ति कैसी है।

इस सत्य को समझने के लिए एक सरल उदाहरण लिया जा सकता है—घड़ी समय को दिखाती है, पर समय को बनाती नहीं। उसी प्रकार ग्रह जीवन की घड़ी हैं; वे समय की गुणवत्ता को दर्शाते हैं, परंतु जीवन की दिशा का अंतिम निर्णय नहीं करते।

यदि इस अंतर को न समझा जाए, तो ज्योतिष नियतिवाद का उपकरण बन जाता है। यदि इसे समझ लिया जाए, तो वही ज्योतिष जागरूकता का साधन बन जाता है।

## कर्म और ज्योतिष का संबंध

कर्म-सिद्धांत यह कहता है कि जीवन में जो अनुभव होते हैं, वे किसी न किसी कारण-श्रृंखला का परिणाम होते हैं। प्रारब्ध उसी श्रृंखला का सक्रिय भाग है।

ज्योतिष इस प्रारब्ध के समय-आयाम को पढ़ने का प्रयास करता है। वह यह नहीं बताता कि कर्म क्या है; वह यह संकेत करता है कि कर्म कब और किस प्रकार प्रकट हो सकता है।

इस प्रकार संबंध स्पष्ट है—

कर्म कारण है।

प्रारब्ध उसका सक्रिय परिणाम है।

ज्योतिष उस परिणाम के प्रकट होने का काल-संकेत है।

## नियतिवाद का भ्रमः भय की जड़

जब ज्योतिष को भाग्य-निर्धारक मान लिया जाता है, तब वह भय का कारण बन जाता है। "यह ग्रह अशुभ है", "यह दशा विनाशकारी है", "आपका भविष्य कठिन है"—ऐसे कथन मनुष्य की चेतना को सीमित कर देते हैं।

यह दृष्टि न केवल अपूर्ण है, बल्कि शास्त्रीय आधार से भी असंगत है।

चार बिंदुओं में इस भ्रम को समझा जा सकता है—

- ग्रहों को कारण मान लेना कर्म-सिद्धांत का खंडन करता है।
- समय की प्रवृत्ति को नियति का अंतिम निर्णय मान लेना अतिशयोक्ति है।

- भय-आधारित व्याख्या मनुष्य की स्वतंत्रता को कम करती है।
- ज्योतिष का उद्देश्य संकेत देना है, नियंत्रण करना नहीं।

## पुरुषार्थ का स्थान: अंतिम निर्णायक तत्व

यदि ज्योतिष केवल संकेत है, तो जीवन की दिशा कौन निर्धारित करता है?

इस प्रश्न का उत्तर गीता स्पष्ट रूप से देती है—

**"कर्मण्येवाधिकारस्ते मा फलेषु कदाचन।"**[92]

मनुष्य का अधिकार कर्म पर है।

अर्थात् ग्रह चाहे जो संकेत दें, अंतिम निर्णय मनुष्य के कर्म और प्रतिक्रिया पर निर्भर करता है। यही पुरुषार्थ का क्षेत्र है।

यदि समय चुनौतीपूर्ण है, तो पुरुषार्थ सावधानी, धैर्य और विवेक के रूप में प्रकट हो सकता है। यदि समय अनुकूल है, तो वही पुरुषार्थ अवसर का सदुपयोग बन सकता है।

## ज्योतिष का सही उपयोग: जागरूकता, न कि निर्भरता

ज्योतिष का सही उपयोग तभी संभव है जब उसे निर्णय का साधन नहीं, बल्कि **जागरूकता का उपकरण** माना जाए।

यदि किसी व्यक्ति को यह ज्ञात हो कि आने वाला समय चुनौतीपूर्ण हो सकता है, तो वह अपने निर्णयों में अधिक सावधानी बरत सकता है, अपने संसाधनों का संतुलित उपयोग कर सकता है और मानसिक रूप से तैयार रह सकता है।

---

[92] भगवद्गीता 2.47

इस प्रकार ज्योतिष भविष्य को बदलता नहीं, परंतु भविष्य के प्रति हमारी तैयारी को अवश्य प्रभावित करता है।

## स्वतंत्रता और साक्षीभाव

उपनिषद का साक्षी-सिद्धांत यहाँ भी मार्गदर्शन देता है—

**"असंगो ह्ययं पुरुषः।"**[93]

यदि आत्मा असंग है, तो वह ग्रहों, परिस्थितियों और समय की प्रवृत्तियों से पूर्णतः बंधी नहीं है।

स्वतंत्रता बाहरी प्रभावों को समाप्त करना नहीं, बल्कि उनके भीतर सजग और संतुलित रहना है। यही साक्षीभाव ज्योतिष के भय को समाप्त करता है और उसे बोध का माध्यम बनाता है।

## समत्वः अंतिम संतुलन

ज्योतिष की सभी गणनाएँ, सभी संकेत और सभी संभावनाएँ अंततः एक ही बिंदु पर आकर ठहरती हैं—समत्व।

भगवद्गीता का यह सूत्र इस सत्य को अंतिम रूप से स्थापित करता है—

**"समत्वं योग उच्यते।"**[94]

यदि समय अनुकूल हो या प्रतिकूल, यदि ग्रहों की स्थिति सहायक हो या चुनौतीपूर्ण—समत्व का चयन सदैव संभव है। यही वह बिंदु है जहाँ ज्योतिष का प्रभाव समाप्त होता है और चेतना की स्वतंत्रता प्रारंभ होती है।

---

[93] बृहदारण्यक उपनिषद् 4.3.15
[94] भगवद्गीता 2.48

## अध्याय का निष्कर्ष: दर्पण, न कि भाग्य-लेखक

इस प्रकार यह स्पष्ट होता है कि—

ज्योतिष भाग्य नहीं लिखता।

वह भाग्य का दर्पण है।

ग्रह निर्णय नहीं करते।

वे समय की प्रवृत्तियों का संकेत देते हैं।

कर्म कारण है।

पुरुषार्थ दिशा है।

समत्व संतुलन है।

जब यह समझ स्पष्ट हो जाती है, तब ज्योतिष भय का स्रोत नहीं रहता; वह जागरूकता, तैयारी और आत्मबल का साधन बन जाता है।

अगले अध्याय में हम इसी प्रश्न को और गहराई से देखेंगे—**यदि ज्योतिष संकेत है, तो क्या वह परिवर्तन की संभावना भी दिखाता है?**

## अध्याय १८

# क्या ज्योतिष परिवर्तन की संभावना दिखाता है?

### संकेत से संभावना तक: ज्योतिष की वास्तविक सीमा

यदि ज्योतिष भाग्य का निर्धारक नहीं, बल्कि दर्पण है, तो एक स्वाभाविक प्रश्न उठता है—क्या यह दर्पण केवल वर्तमान स्थिति को दिखाता है, या वह परिवर्तन की संभावना भी संकेतित करता है?

क्या ज्योतिष केवल यह बताता है कि क्या होने वाला है, या यह भी इंगित करता है कि क्या बदल सकता है?

यह प्रश्न ज्योतिष की वास्तविक उपयोगिता को समझने के लिए अत्यंत महत्वपूर्ण है। यदि ज्योतिष केवल स्थिर भविष्य का चित्रण करता है, तो वह नियतिवाद की ओर ले जाएगा। यदि वह संभावनाओं का संकेत देता है, तो वह सजगता और पुरुषार्थ का उपकरण बन सकता है।

सनातन दृष्टि स्पष्ट रूप से दूसरी दिशा को स्वीकार करती है—ज्योतिष परिवर्तन की संभावना का संकेत देता है, परंतु उस परिवर्तन को उत्पन्न नहीं करता।

## काल की प्रवृत्तिः स्थिर नहीं, गतिशील

ज्योतिष का आधार "काल" है, और काल स्वयं स्थिर नहीं, बल्कि निरंतर परिवर्तनशील है। ग्रहों की गति, नक्षत्रों की स्थिति, दशाएँ और गोचर—ये सभी परिवर्तनशील संरचनाएँ हैं।

यदि काल स्वयं गतिशील है, तो उसके भीतर घटने वाली संभावनाएँ भी गतिशील होंगी।

भगवद्गीता में श्रीकृष्ण का यह उद्घोष इस परिवर्तनशीलता को दर्शाता है—

**"कालोऽस्मि लोकक्षयकृत्।"**[95]

काल केवल विनाशक नहीं, बल्कि परिवर्तन का माध्यम है।

अतः ज्योतिष का अध्ययन किसी स्थिर भाग्य का नहीं, बल्कि बदलती हुई प्रवृत्तियों का अध्ययन है।

## संभावना और निश्चितता का अंतर

ज्योतिष को समझने का सबसे महत्वपूर्ण बिंदु यह है कि वह "संभावना" की भाषा में बोलता है, "निश्चितता" की भाषा में नहीं।

जब यह अंतर स्पष्ट नहीं होता, तब भ्रम उत्पन्न होता है।

चार मूलभूत भेद इस संदर्भ में ध्यान रखने योग्य हैं—

- संकेत और आदेश में अंतर है।
- संभावना और निश्चितता में अंतर है।
- प्रवृत्ति और बाध्यता में अंतर है।
- समय और परिणाम में अंतर है।

[95] भगवद्गीता 11.32

यदि इन अंतरों को भुला दिया जाए, तो ज्योतिष भय और अंधविश्वास का माध्यम बन जाता है। यदि इन्हें समझ लिया जाए, तो वही ज्योतिष विवेक और तैयारी का साधन बन जाता है।

## दशा और गोचर: समय के आयाम

ज्योतिष में "दशा" और "गोचर" दो महत्वपूर्ण अवधारणाएँ हैं। दशा जीवन के भीतर चल रहे दीर्घकालिक समय-प्रवाह को दर्शाती है, जबकि गोचर बाहरी परिवर्तनों और तात्कालिक परिस्थितियों का संकेत देता है।

ये दोनों मिलकर यह संकेत करते हैं कि किस समय कौन-सी प्रवृत्तियाँ प्रबल हो सकती हैं—कहीं अवसर, कहीं चुनौती, कहीं स्थिरता, कहीं परिवर्तन।

परंतु यह ध्यान रखना आवश्यक है कि ये केवल प्रवृत्तियाँ हैं, अनिवार्य परिणाम नहीं।

जैसे मौसम वर्षा की संभावना दिखाता है, परंतु यह निश्चित नहीं करता कि प्रत्येक स्थान पर समान मात्रा में वर्षा होगी, उसी प्रकार दशा और गोचर जीवन के व्यापक वातावरण को संकेतित करते हैं।

## पुरुषार्थ: संभावना को वास्तविकता बनाना

यदि ज्योतिष संभावनाएँ दिखाता है, तो उन संभावनाओं को वास्तविकता में कौन परिवर्तित करता है?

इस प्रश्न का उत्तर पुनः पुरुषार्थ में निहित है।

भगवद्गीता का यह सूत्र इस संदर्भ में मार्गदर्शक है—

**"उद्धरेदात्मनात्मानं नात्मानमवसादयेत्।"**[96]

[96] भगवद्गीता 6.5

मनुष्य स्वयं को उठा सकता है।

यदि समय अनुकूल है और व्यक्ति सजग नहीं, तो अवसर व्यर्थ जा सकता है।

यदि समय चुनौतीपूर्ण है और व्यक्ति सजग है, तो कठिनाई को भी साधना में बदला जा सकता है।

इस प्रकार ज्योतिष संभावना देता है, और पुरुषार्थ उसे दिशा देता है।

## परिवर्तन की वास्तविक सीमा

यह समझना भी आवश्यक है कि परिवर्तन की संभावना असीम नहीं होती; वह पृष्ठभूमि के भीतर कार्य करती है।

प्रारब्ध जीवन की आधार-रेखा है। उसके भीतर परिवर्तन संभव है, परंतु उस आधार को पूर्णतः नकारा नहीं जा सकता।

उदाहरण के लिए—

किसी व्यक्ति का जन्म-परिवार बदला नहीं जा सकता, परंतु वह अपने जीवन की दिशा बदल सकता है।

किसी परिस्थिति का आगमन टाला नहीं जा सकता, परंतु उसका अनुभव कैसे किया जाए, यह चयन संभव है।

इस प्रकार परिवर्तन पूर्ण स्वतंत्रता नहीं, बल्कि सीमित परंतु वास्तविक स्वतंत्रता है।

## ज्योतिष और आत्मजागरूकता

ज्योतिष का एक महत्वपूर्ण पक्ष यह है कि वह आत्मजागरूकता को बढ़ा सकता है।

यदि किसी व्यक्ति को यह ज्ञात हो कि उसके भीतर किसी विशेष प्रवृत्ति का प्रभाव अधिक है—जैसे अधीरता, भावुकता, या निर्णय में अस्थिरता—तो वह स्वयं को अधिक सजग बना सकता है।

इस प्रकार ज्योतिष केवल बाहरी घटनाओं का संकेत नहीं देता; वह आंतरिक प्रवृत्तियों का भी दर्पण बन सकता है।

और यही बिंदु उसे आत्म-विकास का साधन बनाता है।

## भय से विवेक की ओर

जब ज्योतिष को निश्चित भविष्य के रूप में प्रस्तुत किया जाता है, तब वह भय उत्पन्न करता है।

जब उसे संभावनाओं के रूप में समझा जाता है, तब वह विवेक को जागृत करता है।

भय व्यक्ति को निष्क्रिय बनाता है।

विवेक व्यक्ति को सजग और सक्रिय बनाता है।

इस प्रकार ज्योतिष का प्रभाव इस बात पर निर्भर करता है कि उसे किस दृष्टि से ग्रहण किया गया है।

## समत्व और परिवर्तन

परिवर्तन की संभावना का अंतिम उद्देश्य केवल बाहरी परिणाम नहीं, बल्कि आंतरिक संतुलन है।

भगवद्गीता का यह सूत्र इस सत्य को पुनः स्थापित करता है—

**"समत्वं योग उच्यते।"**[97]

---

[97] भगवद्गीता 2.48

यदि परिवर्तन अनुकूल हो, तो भी समत्व आवश्यक है।

यदि परिवर्तन चुनौतीपूर्ण हो, तब भी समत्व आवश्यक है।

यही वह बिंदु है जहाँ ज्योतिष की भूमिका समाप्त होती है और योग की भूमिका प्रारंभ होती है।

## अध्याय का निष्कर्ष: संभावना, प्रयास और संतुलन

इस प्रकार यह स्पष्ट होता है कि—

ज्योतिष परिवर्तन की संभावना दिखाता है, परंतु परिवर्तन करता नहीं।

वह समय की प्रवृत्तियों का संकेत देता है, परंतु परिणाम का अंतिम निर्धारण नहीं करता।

- प्रारब्ध आधार है।
- ज्योतिष उसका संकेत है।
- पुरुषार्थ परिवर्तन की दिशा है।
- समत्व उसका संतुलन है।

जब यह संतुलन समझ में आता है, तब ज्योतिष भय का उपकरण नहीं, बल्कि जागरूकता और आत्मविकास का साधन बन जाता है।

अगले अध्याय में हम ज्योतिष की एक और महत्वपूर्ण अवधारणा की ओर बढ़ेंगे—**दशा, गोचर और कालचक्र की लय**—जहाँ समय की गहराई को और अधिक सूक्ष्मता से समझा जाएगा।

## अध्याय १९

# दशा, गोचर और कालचक्र की लय

### काल की लय: गणना से अनुभव तक

ज्योतिष का वास्तविक आधार केवल ग्रहों की स्थिति नहीं, बल्कि **काल की लय** है—वह सूक्ष्म प्रवाह जिसके भीतर जीवन की घटनाएँ घटित होती हैं। मनुष्य समय को घड़ी और कैलेंडर से मापता है, परंतु शास्त्रीय दृष्टि समय को केवल मापती नहीं, बल्कि उसकी गुणवत्ता को भी समझने का प्रयास करती है।

दशा, गोचर और कालचक्र—ये तीनों उसी लय के विभिन्न आयाम हैं। ये यह नहीं बताते कि क्या होगा; बल्कि यह संकेत करते हैं कि समय का स्वर कैसा है—स्थिर, गतिशील, चुनौतीपूर्ण या अनुकूल।

यदि इस लय को समझा जाए, तो जीवन में सजगता आती है। यदि इसे नियति मान लिया जाए, तो भय उत्पन्न होता है।

### दशा: आंतरिक समय का प्रवाह

"दशा" ज्योतिष की वह प्रणाली है, जो जीवन के भीतर चल रहे दीर्घकालिक समय-प्रवाह को दर्शाती है। यह बाहरी घटनाओं से अधिक आंतरिक अनुभव की दिशा को संकेतित करती है।

दशा यह बताती है कि जीवन के किसी विशेष कालखंड में कौन-सी प्रवृत्तियाँ अधिक सक्रिय हो सकती हैं—जैसे स्थिरता, संघर्ष, विस्तार, परिवर्तन या अंतर्मुखता।

इसे एक बीज के विकास की प्रक्रिया के रूप में समझा जा सकता है। बीज में वृक्ष बनने की संभावना होती है, परंतु उसका विकास समय के चरणों में होता है—अंकुरण, वृद्धि, पुष्पन और फलन। दशा उसी क्रम का संकेत देती है।

परंतु यह ध्यान रखना आवश्यक है कि दशा **प्रवृत्ति का संकेत है, परिणाम का आदेश नहीं**।

## गोचर: बाहरी परिस्थितियों का संकेत

जहाँ दशा आंतरिक समय का संकेत देती है, वहीं "गोचर" बाहरी परिस्थितियों के परिवर्तन को दर्शाता है। ग्रहों की वर्तमान गति और उनकी स्थिति यह संकेत देती है कि जीवन के बाहरी आयामों में किस प्रकार की हलचल या परिवर्तन संभव है।

गोचर को एक प्रकार से "मौसम" के रूप में समझा जा सकता है। जैसे वर्षा का मौसम जल की संभावना को बढ़ाता है, परंतु प्रत्येक स्थान पर समान प्रभाव नहीं डालता, उसी प्रकार गोचर संभावनाओं का वातावरण निर्मित करता है।

यह वातावरण व्यक्ति के जीवन में अवसर भी ला सकता है और चुनौती भी, परंतु उसका अनुभव व्यक्ति के पुरुषार्थ और सजगता पर निर्भर करता है।

## दशा और गोचर का समन्वय

दशा और गोचर को अलग-अलग समझना पर्याप्त नहीं; उनके समन्वय को समझना आवश्यक है।

दशा आंतरिक प्रवृत्ति को दर्शाती है।

गोचर बाहरी परिस्थिति को।

जब दोनों एक ही दिशा में संकेत करते हैं, तो प्रभाव अधिक स्पष्ट हो सकता है। जब वे भिन्न दिशा में होते हैं, तो अनुभव मिश्रित हो सकता है।

उदाहरण के लिए—यदि आंतरिक दशा स्थिरता की है, परंतु गोचर परिवर्तन का संकेत दे रहा है, तो व्यक्ति के भीतर और बाहर के बीच एक प्रकार का संवाद या संघर्ष उत्पन्न हो सकता है।

इस प्रकार जीवन केवल बाहरी घटनाओं का परिणाम नहीं, बल्कि आंतरिक और बाहरी समय के संवाद का परिणाम है।

## कालचक्र: व्यापक लय का आयाम

दशा और गोचर व्यक्तिगत स्तर पर समय को समझने के उपकरण हैं, परंतु "कालचक्र" उससे व्यापक है।

कालचक्र उस चक्र का संकेत है, जिसमें युग, समाज, संस्कृति और सामूहिक चेतना भी शामिल हैं। सतयुग, त्रेतायुग, द्वापर और कलियुग—ये केवल पौराणिक अवधारणाएँ नहीं, बल्कि समय की व्यापक प्रवृत्तियों के प्रतीक हैं।

इस दृष्टि से प्रत्येक व्यक्ति केवल व्यक्तिगत समय में नहीं, बल्कि सामूहिक समय में भी जी रहा होता है।

इसलिए किसी घटना को समझने के लिए केवल व्यक्तिगत दशा पर्याप्त नहीं; व्यापक कालचक्र को भी ध्यान में रखना आवश्यक है।

## नियतिवाद का भ्रम: लय को नियति समझना

दशा और गोचर की चर्चा में एक सामान्य भ्रम उत्पन्न होता है—लोग इन संकेतों को नियति मान लेते हैं।

यदि यह कहा जाए कि "यह समय कठिन है", तो इसका अर्थ यह नहीं कि परिणाम अनिवार्यतः नकारात्मक होगा। इसका अर्थ केवल यह है कि उस समय सजगता, धैर्य और संतुलन की आवश्यकता अधिक होगी।

चार महत्वपूर्ण भेद यहाँ स्मरणीय हैं—

- समय की प्रवृत्ति और परिणाम में अंतर है।
- संकेत और निर्णय में अंतर है।
- संभावना और अनिवार्यता में अंतर है।
- परिस्थिति और प्रतिक्रिया में अंतर है।

इन अंतरों को न समझने पर ज्योतिष भय का कारण बनता है; समझने पर वह विवेक का साधन बनता है।

## पुरुषार्थ: लय के भीतर दिशा

यदि काल की लय निश्चित है, तो क्या मनुष्य का स्थान गौण हो जाता है?

उत्तर स्पष्ट है—नहीं।

पुरुषार्थ उस लय के भीतर दिशा प्रदान करता है। जैसे एक नाविक समुद्र की लहरों को नियंत्रित नहीं कर सकता, परंतु अपनी दिशा और संतुलन को नियंत्रित कर सकता है, उसी प्रकार मनुष्य समय की प्रवृत्तियों के भीतर अपने निर्णयों को नियंत्रित कर सकता है।

भगवद्गीता का यह वाक्य यहाँ पुनः मार्गदर्शन देता है—

**"उद्धरेदात्मनात्मानं नात्मानमवसादयेत्।"**[98]

मनुष्य स्वयं को ऊपर उठा सकता है।

## अनुभव की गुणवत्ता: बाहरी नहीं, आंतरिक

दशा और गोचर बाहरी घटनाओं का संकेत दे सकते हैं, परंतु उन घटनाओं का अनुभव कैसे किया जाएगा, यह चेतना की अवस्था पर निर्भर करता है।

एक ही परिस्थिति किसी के लिए संकट हो सकती है, और किसी अन्य के लिए अवसर।

इस प्रकार समय का प्रभाव केवल बाहरी नहीं, बल्कि आंतरिक भी है। और यही वह क्षेत्र है जहाँ पुरुषार्थ और चेतना की भूमिका सर्वोपरि हो जाती है।

## समत्व: कालचक्र के पार संतुलन

समय की लय बदलती रहती है—कभी अनुकूल, कभी प्रतिकूल। यदि मनुष्य अपनी स्थिरता को समय के उतार-चढ़ाव से जोड़ देता है, तो उसका संतुलन भी डगमगाने लगता है।

भगवद्गीता का यह सूत्र इस स्थिति में अंतिम मार्गदर्शन प्रदान करता है—

**"समत्वं योग उच्यते।"**[99]

समत्व ही योग है।

---

[98] भगवद्गीता 6.5
[99] भगवद्गीता 2.48

जब व्यक्ति समय की लय को समझते हुए भी अपने भीतर संतुलन बनाए रखता है, तब वह कालचक्र के प्रभाव से ऊपर उठने लगता है।

## अध्याय का निष्कर्ष: लय, संकेत और संतुलन

इस प्रकार यह स्पष्ट होता है कि—

दशा आंतरिक समय का संकेत है।

गोचर बाहरी परिस्थिति का।

कालचक्र व्यापक प्रवाह का।

परंतु इनमें से कोई भी अंतिम निर्णय नहीं करता।

प्रारब्ध पृष्ठभूमि है।

काल उसकी लय है।

ज्योतिष उसका संकेत है।

पुरुषार्थ उसकी दिशा है।

समत्व उसका संतुलन है।

जब यह समग्र दृष्टि स्पष्ट होती है, तब ज्योतिष भय का साधन नहीं, बल्कि समय की समझ और जीवन के संतुलन का एक गहरा उपकरण बन जाता है।

अगले अध्याय में हम समय की इसी संरचना को और सूक्ष्म रूप में समझेंगे—**पंचांग: वार, तिथि, नक्षत्र, करण और योग का अर्थ**—जहाँ काल की सूक्ष्म इकाइयों का दार्शनिक और व्यावहारिक महत्व प्रकट होगा।

अध्याय २०

# पंचांगः समय की सूक्ष्म संरचना और उसका वास्तविक अर्थ

## समयः केवल मात्रा नहीं, गुणवत्ता भी

मनुष्य सामान्यतः समय को केवल मापता है—घंटों, दिनों और वर्षों में। परंतु भारतीय ज्ञान-परंपरा समय को केवल मात्रात्मक नहीं, बल्कि गुणात्मक भी मानती है। अर्थात् समय केवल "कितना" नहीं, बल्कि "कैसा" भी होता है।

इसी गुणात्मक समय-बोध को समझने के लिए "पंचांग" की रचना हुई। पंचांग समय का वह सूक्ष्म विभाजन है, जो यह संकेत देता है कि किसी विशेष क्षण की प्रकृति क्या है—स्थिर, गतिशील, अनुकूल, चिंतनशील या परिवर्तनशील।

यहाँ एक मूलभूत अंतर समझना आवश्यक है—पंचांग समय को नियंत्रित नहीं करता; वह केवल समय की गुणवत्ता का संकेत देता है।

## पंचांग का अर्थ और उद्देश्य

"पंचांग" शब्द दो भागों से बना है—"पंच" (पाँच) और "अंग" (अवयव)। अर्थात् समय को पाँच प्रमुख आयामों में समझने की प्रणाली।

ये पाँच अंग हैं—

- वार
- तिथि
- नक्षत्र
- करण
- योग

इनका उद्देश्य भय उत्पन्न करना नहीं, बल्कि जीवन की गतिविधियों को समय की लय के साथ समन्वित करना है।

वेदांग ज्योतिष का मूल उद्देश्य भी यही था—काल की गणना और उसके अनुरूप जीवन का संगठन।

## वारः आवृत्ति और मनोवैज्ञानिक लय

वार (दिन) समय का सबसे परिचित आयाम है। प्रत्येक वार का संबंध एक ग्रह से जोड़ा गया है—जैसे रविवार (सूर्य), सोमवार (चंद्र), मंगलवार (मंगल) आदि।

परंतु इसका अर्थ यह नहीं कि उस दिन ग्रह मनुष्य को नियंत्रित करता है। इसका अर्थ यह है कि उस दिन की प्रतीकात्मक प्रवृत्ति क्या मानी गई है।

उदाहरण के लिए—

रविवार को ऊर्जा और आत्मप्रकाश से जोड़ा गया,

सोमवार को शीतलता और भावनात्मक संतुलन से,

बुधवार को बुद्धि और संवाद से।

यह वर्गीकरण मनोवैज्ञानिक और सांस्कृतिक है—ताकि व्यक्ति अपने कार्यों को एक लयबद्ध ढंग से व्यवस्थित कर सके।

## तिथि: चंद्रमा और भावनात्मक प्रवाह

तिथि चंद्रमा की स्थिति पर आधारित है। चंद्रमा मन और भावनाओं का प्रतीक माना गया है, इसलिए तिथियाँ मनोवैज्ञानिक अवस्थाओं से जुड़ी समझी गईं।

अमावस्या और पूर्णिमा इसके स्पष्ट उदाहरण हैं। अमावस्या अंतर्मुखता और चिंतन का संकेत देती है, जबकि पूर्णिमा विस्तार और अभिव्यक्ति का।

यहाँ भी यह समझना आवश्यक है कि तिथि किसी घटना को अनिवार्य नहीं बनाती; वह केवल एक प्रकार की मानसिक प्रवृत्ति का संकेत देती है।

## नक्षत्र: सूक्ष्म समय-चिन्ह

नक्षत्र आकाश के वे खंड हैं जिनके माध्यम से चंद्रमा की गति को मापा जाता है। भारतीय ज्योतिष में 27 नक्षत्रों का वर्णन मिलता है।

प्रत्येक नक्षत्र एक विशिष्ट गुण या प्रवृत्ति का प्रतिनिधित्व करता है—जैसे स्थिरता, तीव्रता, कोमलता, सृजनशीलता आदि।

नक्षत्र का उपयोग यह समझने के लिए किया गया कि किसी विशेष समय में कौन-सी प्रवृत्ति अधिक सक्रिय हो सकती है।

यह संकेत है—निर्णय नहीं।

## करण: क्रिया का सूक्ष्म आयाम

करण तिथि का आधा भाग है और इसे क्रिया से जोड़ा गया है।

यह संकेत देता है कि किसी समय में क्रियाशीलता का स्वर कैसा हो सकता है—तेज़, स्थिर, जटिल या सरल।

करण का उपयोग विशेषतः कर्म की प्रकृति को समझने के लिए किया गया, ताकि व्यक्ति अपने कार्य को समय के अनुरूप व्यवस्थित कर सके।

## योग: संयुक्त प्रभाव का संकेत

योग सूर्य और चंद्रमा की स्थिति के आधार पर निर्मित होता है। यह दोनों के संयुक्त प्रभाव का संकेत है।

योग समय की समग्र गुणवत्ता को दर्शाता है—अर्थात् उस क्षण का "मूड" या "टोन" क्या है।

यह एक प्रकार से समय की समग्र प्रवृत्ति का सार है।

## पंचांग का वास्तविक उपयोग

पंचांग का उपयोग जीवन को नियंत्रित करने के लिए नहीं, बल्कि उसे व्यवस्थित करने के लिए किया गया था।

चार प्रमुख उद्देश्यों को समझना आवश्यक है—

- समय की लय को पहचानना।
- कार्यों की उपयुक्तता को समझना।
- मनोवैज्ञानिक संतुलन बनाए रखना।
- सामाजिक और सांस्कृतिक अनुशासन स्थापित करना।

इस प्रकार पंचांग जीवन का मार्गदर्शक है, नियंता नहीं।

## भ्रम और विकृति

आधुनिक समय में पंचांग का उपयोग कई बार भय उत्पन्न करने के लिए किया जाने लगा है।

यदि किसी तिथि या नक्षत्र को "अशुभ" घोषित कर दिया जाए, तो व्यक्ति के भीतर अनावश्यक भय उत्पन्न होता है।

यह दृष्टि शास्त्रीय नहीं, बल्कि विकृत है।

शास्त्रों में कहीं भी यह नहीं कहा गया कि समय स्वयं अशुभ होता है। समय केवल प्रवृत्ति का संकेत देता है; शुभ-अशुभ का निर्धारण कर्म और चेतना से होता है।

## काल और कर्म का संबंध

समय और कर्म का संबंध गहरा है, परंतु यह संबंध नियतिवादी नहीं।

समय अवसर देता है।

कर्म दिशा देता है।

यदि समय अनुकूल हो और कर्म दुर्बल, तो परिणाम सीमित होगा।

यदि समय चुनौतीपूर्ण हो और कर्म सजग, तो परिणाम संतुलित हो सकता है।

इस प्रकार समय और कर्म का संवाद ही जीवन का वास्तविक अनुभव बनाता है।

## आधुनिक दृष्टि से पुनर्पाठ

आज के वैज्ञानिक युग में पंचांग को अंधविश्वास के रूप में देखना भी उतना ही गलत है जितना उसे नियति मान लेना।

यदि इसे एक **समय-प्रबंधन और मनोवैज्ञानिक संरचना** के रूप में समझा जाए, तो यह अत्यंत उपयोगी हो सकता है।

यह हमें यह सिखाता है कि जीवन में लय आवश्यक है—और लय के बिना संतुलन संभव नहीं।

## समत्व और समय

समय की गुणवत्ता बदलती रहती है, परंतु व्यक्ति का संतुलन स्थिर रह सकता है।

भगवद्गीता का यह सूत्र यहाँ भी मार्गदर्शक है—

**"समत्वं योग उच्यते।"**[100]

यदि व्यक्ति समय के परिवर्तन के साथ भी अपने भीतर संतुलन बनाए रखता है, तो पंचांग उसके लिए भय का कारण नहीं, बल्कि सजगता का साधन बन जाता है।

## अध्याय का निष्कर्ष: संकेत, संरचना और संतुलन

इस प्रकार पंचांग समय की सूक्ष्म संरचना का एक वैज्ञानिक और दार्शनिक उपकरण है।

यह बताता है—

समय कैसा है,

---

[100] भगवद्गीता 2.48

पर यह नहीं बताता—

आप क्या करेंगे।

पंचांग संकेत है।

कर्म निर्णय है।

चेतना अनुभव है।

जब यह अंतर स्पष्ट होता है, तब समय का ज्ञान जीवन को नियंत्रित नहीं करता, बल्कि उसे संतुलित और सार्थक बनाता है।

अगले अध्याय में हम इसी समय-समझ के आधार पर एक महत्वपूर्ण प्रश्न की ओर बढ़ेंगे—**मुहूर्त: क्या वास्तव में कोई "सही समय" होता है?**

भाग ६

# वास्तु: स्थान और मन की संरचना

# अध्याय २१

# घर की संरचना और मन की संरचना

## पंचमहाभूत और गृह-वास्तु का वास्तविक विज्ञान

**प्रस्तावनाः घर या केवल संरचना?**

आधुनिक मनुष्य अपने जीवन की उपलब्धियों का मूल्यांकन यदि किसी एक प्रतीक के माध्यम से करता है, तो वह है—"घर"। वर्षों के श्रम, त्याग, आकांक्षा और संघर्ष का मूर्त रूप जब ईंट, सीमेंट और कंक्रीट के रूप में खड़ा होता है, तब वह उसे अपनी सफलता का प्रत्यक्ष प्रमाण मान लेता है। किंतु इसी बिंदु पर एक सूक्ष्म, किंतु अत्यंत गहन प्रश्न जन्म लेता है—क्या हम वास्तव में "घर" का निर्माण कर रहे हैं, या केवल "संरचनाएँ" खड़ी कर रहे हैं?

यह प्रश्न केवल स्थापत्य का नहीं, बल्कि चेतना का है। अनुभव, अध्ययन और भारतीय जीवन-पद्धति के गहन अवलोकन से यह स्पष्ट होता है कि घर केवल भौतिक अवयवों का संयोजन नहीं है, बल्कि वह एक जीवंत ऊर्जा-क्षेत्र है, जहाँ प्रकृति और मनुष्य के बीच एक निरंतर, अदृश्य और सूक्ष्म संवाद चलता रहता है। यह संवाद कभी प्रकाश के माध्यम से प्रकट होता है, कभी वायु के स्पर्श से, कभी जल की शीतलता से, और कभी आकाश की निःसीम उपस्थिति से।

जब हम पारंपरिक भारतीय गृह-रचना को देखते हैं—मिट्टी की सोंधी गंध, गोबर से लीपा हुआ आंगन, खुला आकाश, प्रातःकालीन सूर्य की स्वर्णिम किरणें और स्वाभाविक रूप से प्रवाहित वायु—तो यह अनुभव होता है कि वे केवल निवास-स्थल नहीं थे, बल्कि जीवन की समरसता के केंद्र थे। वहाँ प्रकृति को बाहर नहीं रखा गया था; उसे घर के भीतर आमंत्रित किया गया था।

वर्तमान युग में, सुविधा और आधुनिकता के आकर्षण में, हमने इस संतुलन को धीरे-धीरे त्याग दिया है। और जब जीवन में असंतुलन, तनाव और अशांति प्रकट होती है, तो हम उसे "वास्तु दोष" का नाम देकर समाधान खोजने लगते हैं। यह अध्याय उसी भ्रम का विश्लेषण करता है और उस वास्तविकता को उद्‌घाटित करता है, जो तत्वों के संतुलन में निहित है।

## पंचमहाभूतः सृष्टि और जीवन का आधारभूत तंत्र

भारतीय दर्शन में पंचमहाभूत—भूमि, जल, अग्नि, वायु और आकाश—को केवल दार्शनिक अवधारणा नहीं, बल्कि अस्तित्व की आधारशिला माना गया है। भगवद्गीता में भगवान श्रीकृष्ण का यह उद्‌घोष इस सत्य को स्पष्ट करता है—

**"भूमिरापोऽनलो वायुः खं मनो बुद्धिरेव च।"**[101]

यह वाक्य केवल आध्यात्मिक उद्‌घोष नहीं, बल्कि एक समग्र वैज्ञानिक संकेत है। यह बताता है कि सम्पूर्ण सृष्टि, मानव-देह, और उसका अनुभव—तीनों इन्हीं तत्वों से निर्मित और संचालित होते हैं।

जब इन तत्वों में संतुलन स्थापित होता है, तब जीवन में सहजता, स्वास्थ्य, मानसिक स्थिरता और आंतरिक शांति प्रकट होती है।

[101] भगवद्गीता 7.4

किंतु जब इनका संतुलन भंग होता है, तो वही असंतुलन रोग, तनाव, अस्थिरता और मानसिक अशांति के रूप में अभिव्यक्त होता है।

अतः वास्तु का मूल प्रश्न दिशा का नहीं, बल्कि तत्वों के संतुलन का है।

## परंपरागत भारतीय गृहः संतुलन का जीवंत उदाहरण

भारतीय परंपरा में वास्तु किसी ग्रंथ का सैद्धांतिक विषय नहीं था; वह जीवन का व्यावहारिक विज्ञान था। घर केवल आश्रय नहीं, बल्कि ऊर्जा-संतुलन का केंद्र होता था।

मिट्टी से बने घर तापमान को स्वाभाविक रूप से नियंत्रित करते थे—गर्मी में शीतलता और शीत ऋतु में ऊष्मा प्रदान करते हुए। यह केवल निर्माण की तकनीक नहीं, बल्कि प्रकृति के साथ संवाद का परिणाम था।

गोबर से लीपाई केवल सांस्कृतिक परंपरा नहीं थी; वह एक प्राकृतिक जीवाणुनाशक प्रक्रिया थी, जो वातावरण को शुद्ध, स्वच्छ और संतुलित बनाए रखती थी।

आंगन घर का हृदय था—एक ऐसा स्थान जहाँ आकाश सीधे पृथ्वी से संवाद करता था। वहाँ से सूर्य का प्रकाश, चंद्रमा की शीतलता और वायु का प्रवाह सहज रूप से घर के भीतर प्रवेश करता था।

ऊँचाई पर बने रोशनदान और खिड़कियाँ वायु के स्वाभाविक संचरण को सुनिश्चित करते थे, जिससे घर में जीवन्तता बनी रहती थी। कच्चे फर्श वर्षा के जल को अवशोषित कर लेते थे, जिससे जल का संतुलन बना रहता था और नमी अथवा सीपेज जैसी समस्याएँ उत्पन्न नहीं होती थीं।

यह संपूर्ण संरचना पंचमहाभूतों के संतुलित समन्वय का प्रत्यक्ष उदाहरण थी—और यही वास्तविक वास्तु था।

## आधुनिक गृहः सुविधा का विस्तार, संतुलन का क्षरण

आधुनिक गृह-निर्माण में सुविधा, सौंदर्य और तात्कालिक आराम को प्राथमिकता दी गई है, परंतु इस प्रक्रिया में प्रकृति का स्थान धीरे-धीरे समाप्त होता गया है।

कंक्रीट, काँच और कृत्रिम पदार्थों पर आधारित संरचनाएँ प्राकृतिक संतुलन को बाधित करती हैं। सूर्य का प्रकाश सीमित हो गया है, वायु का स्वाभाविक प्रवाह अवरुद्ध हो गया है, और आकाश तत्व लगभग अनुपस्थित हो गया है।

वातानुकूलन (एयर-कंडीशनिंग) ने वायु को नियंत्रित कर दिया, कृत्रिम प्रकाश ने सूर्य का स्थान ले लिया, और संगमरमर तथा टाइल्स ने भूमि के जीवंत स्पर्श को समाप्त कर दिया।

इस कृत्रिमता का परिणाम यह हुआ कि जीवन की स्वाभाविक लय बाधित हो गई। मन में अस्थिरता, शरीर में रोग और जीवन में तनाव बढ़ने लगे। और इस स्थिति को समझने के स्थान पर, उसे "वास्तु दोष" कहकर बाहरी उपायों की ओर देखा जाने लगा।

## वास्तु दोषः दिशा नहीं, तत्वों का असंतुलन

यहाँ एक मूलभूत सत्य को स्पष्ट रूप से स्वीकार करना आवश्यक है—वास्तु दोष दिशा का नहीं, बल्कि तत्वों के असंतुलन का परिणाम है।

यदि घर में सूर्य का प्रकाश पर्याप्त नहीं है, वायु का प्रवाह बाधित है, जल का संतुलन बिगड़ा हुआ है और आकाश का अनुभव

अनुपस्थित है, तो कोई भी सतही उपाय स्थायी समाधान नहीं दे सकता।

चार बिंदुओं में यह तथ्य स्पष्ट किया जा सकता है—

प्रकाश का अभाव मानसिक स्पष्टता और ऊर्जा को प्रभावित करता है।

- वायु का अभाव जीवन-ऊर्जा और स्वास्थ्य को बाधित करता है।
- जल का असंतुलन वातावरण की गुणवत्ता और संवेदनशीलता को प्रभावित करता है।
- आकाश का अभाव विस्तार, स्वतंत्रता और मानसिक खुलापन सीमित करता है।

अतः समस्या दिशा में नहीं, बल्कि संतुलन में है; और समाधान भी उसी में निहित है।

## आधुनिक वास्तु: ज्ञान से व्यवसाय तक

वर्तमान समय में वास्तु का स्वरूप अनेक स्थानों पर शास्त्रीय अनुशासन से हटकर एक व्यावसायिक प्रणाली में परिवर्तित हो गया है। भय-आधारित परामर्श, महंगे उपाय, और अनावश्यक संरचनात्मक परिवर्तन इस प्रवृत्ति को और अधिक सुदृढ़ करते हैं।

समस्या को समझे बिना समाधान प्रस्तुत करना केवल भ्रम को बढ़ाता है। यदि मूल कारण—प्रकृति से विच्छेद—को नहीं समझा गया, तो कोई भी उपाय स्थायी परिणाम नहीं दे सकता।

वास्तु का उद्देश्य भय उत्पन्न करना नहीं, बल्कि संतुलन स्थापित करना था। जब यह उद्देश्य भुला दिया जाता है, तब ज्ञान आडंबर में बदल जाता है।

## समाधान: मूल की ओर सजग वापसी

समाधान जटिल नहीं है; वह अत्यंत स्वाभाविक है। आवश्यकता केवल दृष्टिकोण के परिवर्तन की है।

घर को पुनः प्रकृति से जोड़ना होगा—सूर्य के प्रकाश को भीतर आने देना होगा, वायु के लिए मार्ग खोलना होगा, जल के संतुलन को बनाए रखना होगा और आकाश तत्व को पुनः स्थान देना होगा।

यह किसी विशेष "उपाय" का विषय नहीं, बल्कि जीवन की स्वाभाविक अवस्था की पुनर्स्थापना है।

## घर और मन: आंतरिक और बाह्य संरचना का संबंध

घर की संरचना केवल बाहरी नहीं होती; वह मन की संरचना को भी प्रभावित करती है।

यदि घर बंद, अंधकारमय और संकुचित है, तो मन भी उसी प्रकार संकुचित और अशांत हो सकता है। यदि घर खुला, प्रकाशपूर्ण और संतुलित है, तो मन में भी विस्तार और शांति का अनुभव होता है।

इस प्रकार वास्तु केवल स्थान का विज्ञान नहीं; वह मनोविज्ञान का भी सूक्ष्म आयाम है।

## निष्कर्ष: दोष घर में नहीं, दृष्टि में है

हमारे पूर्वजों ने बिना किसी जटिल उपाय के संतुलित जीवन जिया, क्योंकि उनके घर प्रकृति के साथ सामंजस्य में थे। आज हमने उस सामंजस्य को त्याग दिया है और उत्पन्न समस्याओं को "वास्तु दोष" का नाम दे दिया है।

वास्तविकता यह है कि दोष घर में नहीं, बल्कि हमारी समझ में है।

## अंतिम संदेश: संतुलन ही वास्तविक वास्तु

यदि हम वास्तविक सुख, शांति और समृद्धि की आकांक्षा रखते हैं, तो हमें अपने घरों को केवल निवास-स्थल नहीं, बल्कि प्रकृति का विस्तार बनाना होगा।

पंचमहाभूतों का संतुलन ही वास्तविक वास्तु है।

शेष सब केवल प्रतीक, व्याख्या या आडंबर हो सकते हैं—पर सत्य नहीं।

अध्याय २२

# घर की सीमा: दीवारों तक या मन तक?

## (मानसिक विस्तार और वास्तु का वास्तविक विज्ञान)

### प्रस्तावना: घर कहाँ समाप्त होता है?

जब हम "घर" कहते हैं, तो हमारी कल्पना तुरंत दीवारों, कमरों और छत तक सीमित हो जाती है। हमें लगता है कि जहाँ ईंट और पत्थर समाप्त होते हैं, वहीं घर की सीमा भी समाप्त हो जाती है।

किन्तु यदि हम अपने अनुभव को थोड़ी ईमानदारी से देखें, तो एक गहरा विरोधाभास सामने आता है।

यदि कोई व्यक्ति आपके घर के सामने, आपकी दीवार के बाहर वाहन खड़ा कर दे, तो आपको असुविधा होती है। यदि कोई आपके दरवाज़े के बाहर शोर करे, तो आपको लगता है कि आपके "घर" में व्यवधान उत्पन्न हुआ है—जबकि वह स्थान आपकी भौतिक सीमा के भीतर नहीं है।

यह अनुभव एक अत्यंत सूक्ष्म सत्य की ओर संकेत करता है—

**घर की वास्तविक सीमा केवल दीवारों से नहीं, मन से निर्धारित होती है।**

यही वह बिंदु है जहाँ वास्तु का बाहरी विज्ञान, आंतरिक चेतना से जुड़ता है।

## मानसिक विस्तार: अदृश्य परंतु वास्तविक सीमा

शास्त्रीय दृष्टि में स्थान केवल भौतिक नहीं, बल्कि मानसिक भी होता है।

मनुष्य अपने "स्व" का विस्तार केवल अपने शरीर या घर तक सीमित नहीं रखता; वह अपने आसपास के स्थान को भी अपने अनुभव का हिस्सा बना लेता है।

इसी मानसिक विस्तार को शास्त्रों में एक सूक्ष्म शब्द से व्यक्त किया गया है—**"मानसपुत्र"**।

यह शब्द जटिल प्रतीत हो सकता है, पर इसका अर्थ अत्यंत सरल है—

**"वह स्थान, जो दीवारों से नहीं, मन से उत्पन्न होता है।"**

अर्थात्, जहाँ तक आपका मन अपने अधिकार, जुड़ाव और पहचान का अनुभव करता है, वहीं तक आपका "घर" विस्तृत हो जाता है।

## वास्तु का अदृश्य आधा: जो दिखाई नहीं देता

सामान्यतः हम वास्तु को केवल दीवारों, दिशाओं और संरचना तक सीमित कर देते हैं। परंतु यह केवल आधा सत्य है।

वास्तु का एक भाग बाहर है—संरचना, प्रकाश, वायु और दिशा।

और दूसरा भाग भीतर है—विचार, दृष्टि और मानसिक विस्तार।

यदि इन दोनों में संतुलन न हो, तो पूर्णता संभव नहीं।

इसे एक सरल वाक्य में समझा जा सकता है—

**"वास्तु का आधा हिस्सा घर में है, और आधा मन में।"**

## मन: बंधन भी, विस्तार भी

उपनिषदों का यह वाक्य इस संदर्भ में अत्यंत गहन मार्गदर्शन देता है—

**"मन एव मनुष्याणां कारणं बन्धमोक्षयोः।"**[102]

मन ही बंधन का कारण है, और मन ही मुक्ति का।

यदि मन संकुचित है, तो विशाल घर भी छोटा लग सकता है।

यदि मन विस्तृत है, तो सीमित स्थान भी पर्याप्त प्रतीत हो सकता है।

इस प्रकार यह स्पष्ट होता है कि घर का अनुभव भौतिक आकार से अधिक, मानसिक स्थिति पर निर्भर करता है।

## एक साधारण उदाहरण, एक असाधारण सत्य

दो व्यक्ति एक ही घर में रहते हैं—

एक व्यक्ति को लगता है कि घर छोटा है, असुविधाजनक है, और कुछ न कुछ कमी है।

दूसरा व्यक्ति उसी घर में संतुष्ट, शांत और प्रसन्न रहता है।

घर नहीं बदला।

संरचना नहीं बदली।

---

[102] अमृतबिन्द उपनिषद् 2

दिशा नहीं बदली।

तो अनुभव क्यों बदल गया?

क्योंकि—

**घर वही था, पर "मानसपुत्र" अलग था।**

एक का मन संकुचित था, दूसरे का विस्तृत।

## दिशा और मन का संवाद

वास्तु में दिशाओं को विभिन्न गुणों से जोड़ा गया है—पूर्व को प्रकाश और आरंभ से, पश्चिम को स्थिरता से, उत्तर को प्रवाह से, और दक्षिण को धैर्य से।

परंतु यह समझना आवश्यक है कि ये केवल संकेत हैं, अंतिम निर्णय नहीं।

यदि किसी घर में पूर्व दिशा सीमित है, पर व्यक्ति का मन खुला और सकारात्मक है, तो उसका सामाजिक जीवन बाधित नहीं होगा।

और यदि पूर्व दिशा विस्तृत है, पर मन संकुचित है, तो वह विस्तार भी निष्प्रभावी रह सकता है।

इस प्रकार दिशा और दृष्टि का संवाद आवश्यक है—केवल दिशा का परिवर्तन पर्याप्त नहीं।

## मानसिक विस्तार और जीवन के आयाम

मानव जीवन केवल एक आयाम में नहीं चलता। वह संबंधों, कार्य, स्वास्थ्य, ज्ञान, समाज और आत्मबोध—इन सभी में प्रकट होता है।

यदि व्यक्ति अपने विचारों को केवल एक सीमित क्षेत्र तक बाँध देता है, तो उसका जीवन असंतुलित हो जाता है।

मानसिक विस्तार का अर्थ केवल अधिक सोचना नहीं, बल्कि संतुलित रूप से सोचना है।

यहाँ चार महत्वपूर्ण बिंदु स्पष्ट होते हैं—

- मानसिक विस्तार स्थान के अनुभव को बदल देता है।
- संतुलित मन, सीमित स्थान को भी पर्याप्त बना देता है।
- असंतुलित मन, विशाल स्थान को भी अपर्याप्त बना देता है।
- वास्तु का अनुभव संरचना से अधिक चेतना पर निर्भर करता है।

## त्रिमूर्ति का आंतरिक अर्थ: मन की संरचना

भारतीय परंपरा में ब्रह्मा, विष्णु और शिव—तीनों को सृष्टि के तीन आयामों का प्रतीक माना गया है।

ब्रह्मा सृजन का,

विष्णु संतुलन का,

और शिव रूपांतरण का प्रतीक हैं।

यदि हम इसे मानसिक स्तर पर देखें, तो यह एक गहरा संकेत देता है—

विचार उत्पन्न होते हैं (सृजन),

उन्हें संतुलित किया जाता है (संरक्षण),

और अनावश्यक को त्यागा जाता है (संहार)।

यही प्रक्रिया "मानसपुत्र" को संतुलित बनाती है।

## वास्तु से परे: अनुभव का विज्ञान

जब हम कहते हैं कि घर चार दीवारों से आगे है, तो इसका अर्थ यह नहीं कि भौतिक वास्तु महत्वहीन है।

इसका अर्थ यह है कि वास्तु की पूर्णता केवल संरचना से नहीं, बल्कि अनुभव से निर्धारित होती है।

और अनुभव मन से उत्पन्न होता है।

इसलिए—

**"वास्तु केवल घर की रचना नहीं, अनुभव की रचना है।"**

## समत्व: अंतिम संतुलन

समय, स्थान और परिस्थिति बदलती रहती हैं। परंतु यदि मन स्थिर और संतुलित हो, तो बाहरी परिवर्तन का प्रभाव सीमित हो जाता है।

भगवद्गीता का यह सूत्र इस अध्याय का अंतिम निष्कर्ष है—

**"समत्वं योग उच्यते।"**[103]

जब मन समत्व में होता है, तब स्थान भी संतुलित अनुभव होता है।

## अध्याय का निष्कर्ष: सीमा नहीं, दृष्टि ही वास्तविक वास्तु है

इस अध्याय का सार अत्यंत स्पष्ट है—

घर की सीमा दीवारों से निर्धारित नहीं होती; वह दृष्टि से निर्धारित होती है।

---

[103] भगवद्गीता 2.48

वास्तु बाहरी संरचना है।

मानसपुत्र आंतरिक विस्तार है।

दोनों का संतुलन ही वास्तविक वास्तु है।

और अंततः—

**"जहाँ तक आपका मन फैलता है, वहीं तक आपका घर फैलता है।"**

जब यह समझ स्थापित हो जाती है, तब व्यक्ति घर को बदलने से पहले अपनी दृष्टि को संतुलित करने का प्रयास करता है—और यही वास्तु का वास्तविक आरंभ है।

❁

## अध्याय २३

# दिशाएँ: दीवारों की नहीं, चेतना की दिशा

### (वास्तु, विस्तार और मनोवैज्ञानिक प्रवाह का गहन विज्ञान)

**प्रस्तावना: दिशा क्या सच में सिर्फ दिशा है?**

जब हम "दिशा" शब्द सुनते हैं, तो हमारे मन में तुरंत पूर्व, पश्चिम, उत्तर और दक्षिण की भौगोलिक छवि उभरती है। कम्पास, नक्शा और स्थान—यही दिशा की सामान्य परिभाषा बन जाती है।

परंतु यदि हम अपने अनुभव को थोड़ा गहराई से देखें, तो एक सूक्ष्म सत्य सामने आता है—

**दिशा केवल बाहर नहीं होती, वह भीतर भी होती है।**

कोई व्यक्ति जीवन में आगे बढ़ रहा होता है, तो हम कहते हैं—"उसकी दिशा सही है।"

कोई व्यक्ति भ्रमित होता है, तो कहते हैं—"उसकी दिशा भटक गई है।"

यहाँ दिशा भौगोलिक नहीं, मानसिक है।

वास्तु का वास्तविक विज्ञान इसी बिंदु से आरंभ होता है—

**"दिशा केवल स्थान का संकेत नहीं, चेतना के प्रवाह का प्रतिबिंब है।"**

### दिशा: ऊर्जा नहीं, अनुभव की दिशा

आधुनिक व्याख्याओं में दिशा को अक्सर "ऊर्जा के प्रवाह" से जोड़ा जाता है, परंतु शास्त्रीय दृष्टि अधिक सूक्ष्म है।

दिशा स्वयं कोई शक्ति नहीं चलाती; वह केवल संकेत देती है कि—

प्रकाश कहाँ से आएगा,

वायु कैसे प्रवाहित होगी,

और मन किस प्रकार प्रतिक्रिया करेगा।

इस प्रकार दिशा कारण नहीं, **अनुकूलता का माध्यम** है।

**"दिशा नियंता नहीं, प्रवृत्ति का संकेतक है।"**

### पूर्व: प्रकाश नहीं, जागरण की दिशा

पूर्व को सूर्य का उदय-बिंदु माना गया है। परंतु इसका महत्व केवल प्रकाश तक सीमित नहीं।

पूर्व वह दिशा है जहाँ से दिन आरंभ होता है—अर्थात् जागरण, सक्रियता और संवाद का प्रारंभ।

यदि किसी घर में पूर्व दिशा खुली है, तो प्राकृतिक प्रकाश का प्रवेश होता है। यह प्रकाश केवल शरीर को नहीं, मन को भी प्रभावित करता है।

यहाँ एक सूक्ष्म परिवर्तन होता है—

प्रकाश के साथ स्पष्टता आती है,

स्पष्टता के साथ संवाद,

और संवाद के साथ सामाजिकता।

परंतु यह समझना अत्यंत आवश्यक है—

**पूर्व दिशा सामाजिकता "निर्माण" नहीं करती, बल्कि उसे "सहज" बनाती है।**

यदि व्यक्ति का स्वभाव ही संकुचित है, तो खुला पूर्व भी उसे नहीं बदल सकता।

### उत्तर: धन नहीं, संभावनाओं की दिशा

उत्तर दिशा को परंपरागत रूप से "कुबेर" और धन से जोड़ा गया है।

परंतु यदि इसे केवल धन तक सीमित कर दिया जाए, तो यह अत्यंत सीमित व्याख्या होगी।

उत्तर का वास्तविक अर्थ है—**विस्तार, प्रवाह और संभाव्यता**।

जब कोई स्थान खुला, हल्का और अवरोध-रहित होता है, तो मन में भी एक सूक्ष्म विस्तार का अनुभव होता है।

यह अनुभव व्यक्ति को नए विचारों, अवसरों और संभावनाओं के प्रति ग्रहणशील बनाता है।

**"उत्तर दिशा धन नहीं देती; वह सोच को विस्तृत करती है, जिससे अवसर दिखने लगते हैं।"**

यदि यह दिशा संकुचित हो, तो व्यक्ति अवसरों को देखने के बजाय सीमाओं को देखने लगता है।

### दक्षिण: भय नहीं, स्थिरता की दिशा

दक्षिण दिशा को लेकर सबसे अधिक भय उत्पन्न किया गया है।

परंतु शास्त्रीय दृष्टि में दक्षिण भय की नहीं, **स्थिरता और संरचना** की दिशा है।

दक्षिण वह आयाम है जहाँ जीवन को आधार मिलता है—

सीमाएँ बनती हैं,

निर्णय स्थिर होते हैं,

और अनुशासन स्थापित होता है।

यदि यह दिशा संतुलित है, तो व्यक्ति में धैर्य और दृढ़ता विकसित होती है।

परंतु यदि दक्षिण अत्यधिक भारी या प्रभावशाली हो जाए, तो वही स्थिरता कठोरता में बदल सकती है।

**"दक्षिण दिशा जीवन को बाँधती नहीं, बल्कि उसे स्थिरता देती है—जब तक संतुलन बना रहे।"**

### पश्चिम: अंत नहीं, अंतर्दृष्टि की दिशा

पश्चिम सूर्यास्त का बिंदु है।

परंतु इसका अर्थ केवल "अंत" नहीं, बल्कि **अंतर्दृष्टि** है।

जब दिन समाप्त होता है, तो व्यक्ति स्वाभाविक रूप से भीतर की ओर मुड़ता है—

सोचता है,

मूल्यांकन करता है,

और अनुभवों को समझता है।

यदि पश्चिम दिशा संतुलित है, तो यह आत्मचिंतन की प्रवृत्ति को सहज बनाती है।

परंतु यदि यह अत्यधिक बंद या भारी हो, तो वही अंतर्दृष्टि ठहराव या निराशा में बदल सकती है।

### विस्तार और संकुचन: घर का नहीं, मन का मानचित्र

अब एक अत्यंत महत्वपूर्ण प्रश्न—

यदि किसी घर में एक दिशा बहुत बड़ी हो और दूसरी बहुत छोटी, तो क्या होता है?

यह केवल वास्तु का प्रश्न नहीं; यह मनोविज्ञान का प्रश्न है।

यदि पूर्व अत्यधिक विस्तृत है—

व्यक्ति बाहरी दुनिया में इतना व्यस्त हो सकता है कि भीतर की शांति खो दे।

यदि उत्तर संकुचित है—

वह अवसरों को देखने से पहले ही सीमाएँ स्वीकार कर सकता है।

यदि दक्षिण अत्यधिक प्रभावी है—

वह स्थिरता के नाम पर परिवर्तन से बच सकता है।

यदि पश्चिम अवरुद्ध है—

वह आत्मचिंतन से दूर भाग सकता है।

यहाँ एक गहरा सत्य प्रकट होता है—

**"घर का नक्शा, मन का नक्शा बन सकता है—यदि हम उसे समझें।"**

## उपनिषद की दृष्टि: अंतिम निर्णय मन का

अमृतबिन्द उपनिषद् का यह वाक्य इस पूरे अध्याय का सार है—

**"मन एव मनुष्याणां कारणं बन्धमोक्षयोः।"**[104]

दिशाएँ बाहर हैं।

परंतु उनका अनुभव भीतर होता है।

यदि मन संतुलित है, तो दिशा का प्रभाव सीमित हो जाता है।

यदि मन असंतुलित है, तो दिशा का छोटा प्रभाव भी बड़ा लगने लगता है।

## वास्तु और मनोविज्ञान: दो नहीं, एक ही प्रक्रिया

वास्तु को यदि केवल दीवारों तक सीमित कर दिया जाए, तो वह अधूरा विज्ञान बन जाता है।

और यदि मनोविज्ञान को स्थान से अलग कर दिया जाए, तो वह अधूरा अनुभव बन जाता है।

जब दोनों को एक साथ देखा जाता है, तब एक नया दृष्टिकोण जन्म लेता है—

**"वास्तु स्थान को संतुलित करता है, और संतुलित स्थान मन को सहयोग देता है।"**

---

[104] अमृतबिन्द उपनिषद् 2

## समत्व: अंतिम दिशा

अंततः, सभी दिशाओं का उद्देश्य एक ही है—संतुलन।

भगवद्गीता का यह सूत्र इस अध्याय का अंतिम निष्कर्ष है—

**"समत्वं योग उच्यते।"**[105]

जब मन समत्व में होता है—

तब पूर्व, पश्चिम, उत्तर, दक्षिण—सब संतुलित अनुभव होते हैं।

## अध्याय का निष्कर्ष: दिशा बाहर नहीं, भीतर बदलती है

इस अध्याय का सबसे महत्वपूर्ण निष्कर्ष अत्यंत स्पष्ट है—

दिशा जीवन को नियंत्रित नहीं करती।

दिशा जीवन को संकेत देती है।

वास्तु भाग्य नहीं बदलता।

वास्तु दृष्टि को स्पष्ट करता है।

और अंततः—

**"दिशा वही प्रभाव डालती है, जहाँ मन उसे स्वीकार करता है।"**

जब यह समझ स्थापित हो जाती है, तब व्यक्ति दिशा बदलने से पहले अपनी दृष्टि को संतुलित करता है—

और वहीं से वास्तु, भय से ज्ञान में परिवर्तित हो जाता है।

---

[105] भगवद्गीता 2.48

अध्याय २४

# एक ही घर, अलग-अलग अनुभव: प्रभाव स्थान का या चेतना का?

(वास्तु, मनोविज्ञान और अनुभव की भिन्नता का गहन विश्लेषण)

**प्रस्तावना: प्रश्न जो सरल दिखता है, पर गहरा है**

यह एक अत्यंत सामान्य, परंतु गहराई से अनदेखा किया गया प्रश्न है—

**क्यों एक ही घर में रहने वाले लोग अलग-अलग अनुभव करते हैं?**

एक ही स्थान, एक ही दीवारें, एक ही दिशा—

फिर भी—

कोई वहाँ शांति अनुभव करता है,

कोई बेचैनी।

कोई सफलता पाता है,

तो कोई संघर्ष करता है।

यदि वास्तु को केवल बाहरी संरचना मान लिया जाए, तो यह प्रश्न अनुत्तरित रह जाता है।

परंतु यदि हम इसे चेतना और अनुभव के संदर्भ में देखें, तो एक नया आयाम खुलता है।

**"घर सभी के लिए समान हो सकता है, पर अनुभव कभी समान नहीं होता।"**

## स्थान और अनुभव: दो अलग स्तर

वास्तु का पहला स्तर है—**स्थान (Space)**

और दूसरा स्तर है—**अनुभव (Experience)**

स्थान वस्तुनिष्ठ है—सभी के लिए समान।

अनुभव व्यक्तिनिष्ठ है—हर व्यक्ति के लिए भिन्न।

यही अंतर इस अध्याय का मूल है।

उदाहरणतः—

एक ही कमरे में दो व्यक्ति बैठ सकते हैं—

एक को वह स्थान शांत लगेगा,

दूसरे को वही स्थान दबावपूर्ण।

स्थान नहीं बदला,

**अनुभव बदल गया।**

## मन: अनुभव का वास्तविक केंद्र

उपनिषद का यह वाक्य इस सत्य को स्पष्ट करता है—

**"मन एव मनुष्याणां कारणं बन्धमोक्षयोः।"**[106]

मन ही बंधन और मुक्ति का कारण है।

यदि मन अशांत है, तो अनुकूल स्थान भी पर्याप्त नहीं लगेगा।

यदि मन संतुलित है, तो सीमित स्थान भी सहज अनुभव होगा।

इसका अर्थ यह नहीं कि वास्तु अप्रासंगिक है,

बल्कि यह कि—

**"वास्तु प्रभाव डालता है, पर अनुभव का अंतिम निर्णय मन करता है।"**

## संस्कार और प्रतिक्रिया: अदृश्य अंतर

हर व्यक्ति अपने साथ एक अदृश्य इतिहास लेकर चलता है—

उसके संस्कार, अनुभव, स्मृतियाँ और मानसिक संरचना।

यही आंतरिक संरचना यह निर्धारित करती है कि—

वह किसी स्थान को कैसे अनुभव करेगा।

चार बिंदुओं में यह अंतर स्पष्ट होता है—

- समान परिस्थिति पर प्रतिक्रिया अलग हो सकती है।
- एक ही स्थान किसी के लिए प्रेरक, किसी के लिए बोझिल हो सकता है।

---

[106] अमृतबिन्द उपनिषद् 2

- अनुभव बाहरी संरचना से अधिक आंतरिक स्थिति पर निर्भर करता है।
- स्मृतियाँ स्थान के अनुभव को प्रभावित करती हैं।

**"स्थान बाहर है, पर उसकी व्याख्या भीतर होती है।"**

## प्रकृति, देह और प्रवृत्ति का संबंध

गीता में कहा गया है—

**"प्रकृतेः क्रियमाणानि गुणैः कर्माणि सर्वशः।"**[107]

प्रकृति के गुण ही कर्मों को संचालित करते हैं।

प्रत्येक व्यक्ति की प्रवृत्ति भिन्न होती है—

कोई सक्रिय (रजसिक),

कोई शांत (सात्त्विक),

कोई जड़ता की ओर झुका (तामसिक)।

अब यदि एक ही घर में—

एक अत्यधिक सक्रिय व्यक्ति और एक शांत प्रवृत्ति का व्यक्ति साथ रहते हैं,

तो संभव है—

एक को वही स्थान प्रेरक लगे,

दूसरे को वही स्थान थकाने वाला।

---

[107] भगवद्गीता 3.27

यह अंतर वास्तु का नहीं,

**प्रवृत्ति का है।**

## प्रकाश, वायु और अनुभव की भिन्नता

वास्तु के मूल तत्व—प्रकाश, वायु, जल और स्थान—सभी पर समान प्रभाव डालते हैं।

परंतु उनका अनुभव व्यक्ति-विशेष के अनुसार बदल जाता है।

उदाहरण के लिए—

अधिक प्रकाश किसी के लिए ऊर्जा का स्रोत है,

तो किसी के लिए असहजता का कारण।

अधिक खुलापन किसी को स्वतंत्रता देता है,

तो किसी को असुरक्षा का अनुभव।

**"वास्तु परिस्थिति देता है, पर उसका अर्थ व्यक्ति स्वयं निर्धारित करता है।"**

## मानसिक प्रक्षेपण: घर का नहीं, मन का प्रतिबिंब

कभी-कभी व्यक्ति अपने भीतर की स्थिति को बाहर प्रक्षेपित करता है।

यदि वह भीतर से असंतुलित है,

तो उसे बाहरी संरचना भी दोषपूर्ण प्रतीत हो सकती है।

यदि वह संतुलित है,

तो वही संरचना पर्याप्त लग सकती है।

यह प्रक्रिया इतनी सूक्ष्म होती है कि व्यक्ति स्वयं भी इसे पहचान नहीं पाता।

**"हम घर को नहीं देखते, हम अपने मन के माध्यम से घर को देखते हैं।"**

### वास्तु का वास्तविक प्रभाव: सीमित, पर महत्वपूर्ण

यह भी समझना आवश्यक है कि वास्तु का प्रभाव शून्य नहीं है।

प्राकृतिक प्रकाश, वायु का प्रवाह, स्थान का संतुलन—

ये सभी शरीर और मन पर प्रभाव डालते हैं।

परंतु यह प्रभाव—

**पूर्ण नहीं, सहायक है।**

चार संतुलित निष्कर्ष—

- वास्तु वातावरण को प्रभावित करता है।
- वातावरण अनुभव को प्रभावित करता है।
- अनुभव मन द्वारा व्याख्यायित होता है।
- मन अंतिम निर्णय करता है।

### ज्योतिषीय समानता: समान समय, अलग अनुभव

जैसे एक ही घर अलग लोगों पर अलग प्रभाव डालता है,

वैसे ही एक ही समय (काल) भी अलग-अलग व्यक्तियों पर भिन्न प्रभाव डालता है।

ज्योतिष में भी यह स्पष्ट है—

ग्रह समान होते हैं,

पर अनुभव भिन्न।

इसका कारण है—

संस्कार, प्रारब्ध और प्रतिक्रिया।

## समत्व: अनुभव का अंतिम संतुलन

भगवद्गीता का यह सूत्र इस अध्याय का सार है—

**"समत्वं योग उच्यते।"**[108]

जब मन समत्व में होता है,

तो बाहरी भिन्नताएँ अनुभव को विचलित नहीं करतीं।

इस अवस्था में—

घर सहायक बनता है,

पर निर्णायक नहीं।

## अध्याय का निष्कर्ष: घर समान, दृष्टि भिन्न

इस पूरे विश्लेषण का सार अत्यंत स्पष्ट है—

एक ही घर सब पर समान प्रभाव नहीं डालता,

क्योंकि—

[108] भगवद्गीता 2.48

प्रत्येक व्यक्ति भिन्न है,

उसका मन भिन्न है,

उसकी प्रतिक्रिया भिन्न है।

वास्तु एक आधार देता है,

पर अनुभव की अंतिम संरचना मन करता है।

अतः—

**"समस्या घर में नहीं, अनुभव की व्याख्या में भी हो सकती है।"**

जब यह समझ स्थापित हो जाती है,

तो व्यक्ति बाहरी परिवर्तन से पहले आंतरिक संतुलन की ओर देखता है।

और यही वह बिंदु है जहाँ—

वास्तु भय से ज्ञान में परिवर्तित हो जाता है।

भाग ७

# आधुनिक भ्रम और सुधार

## अध्याय २५

# भय का बाज़ार: ज्योतिष और वास्तु का व्यापारिक रूपांतरण

(जब ज्ञान मार्गदर्शक से उत्पाद बन जाता है)

**प्रस्तावना: समस्या ज्ञान में नहीं, उसके उपयोग में है**

मनुष्य जब अनिश्चितता के सामने खड़ा होता है—भविष्य अस्पष्ट हो, परिस्थितियाँ कठिन हों, और उत्तर न मिल रहे हों—तब वह स्वाभाविक रूप से मार्गदर्शन खोजता है। यही वह क्षण होता है जहाँ ज्ञान की आवश्यकता सबसे अधिक होती है।

परंतु इसी क्षण में एक दूसरा मार्ग भी खुलता है—

**ज्ञान का नहीं, भय का।**

यदि किसी व्यक्ति को यह बताया जाए कि—

उसकी समस्या का कारण कोई ग्रह है,

उसके घर में कोई अदृश्य दोष है,

या उसका भविष्य किसी अदृश्य शक्ति द्वारा नियंत्रित है—

तो वह समाधान नहीं, **निर्भरता** खोजने लगता है।

यहीं से एक सूक्ष्म परिवर्तन होता है—

ज्ञान मार्गदर्शक नहीं रहता,

वह उत्पाद बन जाता है।

**भय का मनोविज्ञान: क्यों यह इतना प्रभावी है**

भय का प्रभाव तत्काल होता है।

तर्क धीरे-धीरे काम करता है।

जब किसी को आश्वासन दिया जाता है, तो वह सोचता है।

जब किसी को भय दिखाया जाता है, तो वह प्रतिक्रिया देता है।

यही कारण है कि भय-आधारित कथन अधिक "प्रभावशाली" प्रतीत होते हैं।

चार मनोवैज्ञानिक कारण इस प्रवृत्ति को स्पष्ट करते हैं—

- अनिश्चितता व्यक्ति को बाहरी उत्तर खोजने के लिए प्रेरित करती है।
- भय निर्णय को त्वरित बना देता है, विवेक को नहीं।
- अधिकारपूर्ण भाषा (जैसे "यह निश्चित है") विश्वास उत्पन्न करती है।
- समाधान की जल्दी व्यक्ति को प्रश्न पूछने से रोक देती है।

**"जहाँ भय बढ़ता है, वहाँ प्रश्न कम हो जाते हैं।"**

और जहाँ प्रश्न समाप्त हो जाएँ, वहाँ ज्ञान नहीं, नियंत्रण आरंभ होता है।

## शास्त्र बनाम सरलीकरण: गहराई से सतही निष्कर्ष तक

सनातन शास्त्रों की भाषा गहन, संदर्भयुक्त और बहुस्तरीय है।

वे संकेत देते हैं, निर्णय नहीं सुनाते।

वे दिशा दिखाते हैं, परिणाम नहीं थोपते।

परंतु आधुनिक प्रस्तुति में एक बड़ा परिवर्तन हुआ है—

जटिल सिद्धांतों को सरल सूत्रों में बदला गया,

और फिर उन सूत्रों को "अंतिम सत्य" घोषित कर दिया गया।

उदाहरण के लिए—

"यह ग्रह अशुभ है"

"यह दिशा विनाशकारी है"

"यह दोष जीवन को प्रभावित करेगा"

ये वाक्य शास्त्र नहीं हैं—

ये **शास्त्र की सरलीकृत और विकृत व्याख्याएँ** हैं।

**"जहाँ शास्त्र संकेत देते हैं, वहाँ बाज़ार निष्कर्ष बेचता है।"**

## ग्रह और दिशा: संकेतक से दंडदाता तक

शास्त्रीय दृष्टि में ग्रह समय की प्रवृत्ति को दर्शाते हैं।

दिशाएँ स्थान की संरचना को संकेत करती हैं।

परंतु बाज़ार-प्रेरित दृष्टि में—

ग्रह दंड देने वाले बन जाते हैं,

दिशाएँ भय का कारण बन जाती हैं।

यह परिवर्तन अत्यंत सूक्ष्म है, परंतु अत्यंत प्रभावशाली भी।

चार स्तरों पर यह विकृति समझी जा सकती है—

- संकेत को कारण बना दिया जाता है।
- संभावना को निश्चितता में बदल दिया जाता है।
- प्रवृत्ति को बाध्यता घोषित कर दिया जाता है।
- मार्गदर्शन को आदेश बना दिया जाता है।

**"जब संकेत को आदेश बना दिया जाए, तो ज्ञान नियंत्रण बन जाता है।"**

### उपायः साधना से सौदे तक

शास्त्रों में उपायों का उल्लेख है—

दान, जप, तप, साधना।

परंतु इनका उद्देश्य बाहरी परिवर्तन नहीं,

**आंतरिक संतुलन है।**

जब व्यक्ति दान करता है, तो उसका अहं कम होता है।

जब वह जप करता है, तो मन केंद्रित होता है।

जब वह साधना करता है, तो दृष्टि स्पष्ट होती है।

यह प्रक्रिया मनोवैज्ञानिक और आध्यात्मिक है—

व्यापारिक नहीं।

परंतु जब उपाय को इस रूप में प्रस्तुत किया जाए कि—

"यह करो और समस्या समाप्त हो जाएगी"

तब वह साधना नहीं,

**सौदा बन जाता है।**

**"जहाँ उपाय परिणाम बेचने लगें, वहाँ शास्त्र नहीं, बाज़ार कार्य कर रहा होता है।"**

## भय का उद्योग: क्यों यह फल-फूल रहा है

भय एक ऐसा उत्पाद है जिसकी मांग सदैव बनी रहती है।

क्योंकि—

हर व्यक्ति भविष्य को लेकर चिंतित है,

हर व्यक्ति जीवन को सुरक्षित करना चाहता है,

और हर व्यक्ति अनिश्चितता से बचना चाहता है।

यहाँ बाज़ार एक सरल समाधान प्रस्तुत करता है—

"हम तुम्हें निश्चितता देंगे।"

परंतु वास्तविकता यह है—

जीवन में पूर्ण निश्चितता संभव नहीं।

शास्त्र इसे स्वीकार करते हैं।

बाज़ार इसे छिपाता है।

**"जहाँ जीवन अनिश्चित है, वहाँ निश्चितता का वादा ही सबसे बड़ा भ्रम है।"**

## उत्तरदायित्व का स्थानांतरण: सबसे बड़ा खतरा

भय-आधारित दृष्टिकोण का सबसे बड़ा प्रभाव यह है कि—

व्यक्ति अपने जीवन की जिम्मेदारी से दूर होने लगता है।

यदि हर समस्या का कारण ग्रह है,

यदि हर असफलता का कारण दिशा है,

तो फिर—

निर्णय, प्रयास और आत्मचिंतन का क्या स्थान रह जाता है?

इसीलिए गीता का यह वाक्य अत्यंत महत्वपूर्ण है—

**"उद्धरेदात्मनात्मानं नात्मानमवसादयेत्।"**[109]

मनुष्य स्वयं को उठाए।

यह वाक्य केवल प्रेरणा नहीं;

यह शास्त्रीय घोषणा है कि—

**उत्तरदायित्व बाहरी नहीं, आंतरिक है।**

## वास्तु: विज्ञान से अंधविश्वास तक

वास्तु का मूल उद्देश्य प्रकृति और स्थान के संतुलन को समझना है।

परंतु जब—

हर छोटी असुविधा को दोष घोषित किया जाए,

[109] भगवद्गीता 6.5

हर संरचना को संकट बताया जाए,

तब यह विज्ञान भय में बदल सकता है।

सत्य अत्यंत सरल है—

कोई भी घर पूर्ण नहीं होता।

कोई भी संरचना त्रुटिहीन नहीं होती।

संतुलन बाहरी सुधार से नहीं,

**दृष्टि और उपयोग से आता है।**

## शास्त्र की पुनर्स्मृति: गहराई की ओर लौटना

महाभारत का यह वाक्य इस पूरे अध्याय का आधार है—

**"धर्मस्य तत्त्वं निहितं गुहायाम्।"**[110]

धर्म का तत्त्व गूढ़ है।

उसे भय में बदलकर सरल बना देना,

उसकी गरिमा को कम करना है।

शास्त्र का उद्देश्य है—

समझ बढ़ाना।

बाज़ार का उद्देश्य है—

निर्भरता बढ़ाना।

---

[110] महाभारत, वनपर्व 313.117

## आत्मबल बनाम भय: अंतिम भेद

अब एक अंतिम और निर्णायक अंतर—

यदि कोई ज्ञान आपको—

डराता है,

निर्भर बनाता है,

और निर्णय की क्षमता कम करता है—

तो वह ज्ञान नहीं,

**प्रभाव है।**

यदि कोई ज्ञान आपको—

शांत करता है,

स्पष्टता देता है,

और उत्तरदायित्व की ओर ले जाता है—

तो वही शास्त्रीय है।

**"सच्चा ज्ञान भय को समाप्त करता है, और झूठा ज्ञान भय पर आधारित होता है।"**

## अध्याय का निष्कर्ष: पहचान ही मुक्ति है

ज्योतिष और वास्तु का बाजारीकरण उनके मूल स्वरूप का विकृत रूप है।

वे विज्ञान हैं—

परंतु उन्हें उत्पाद बना दिया गया है।

वे संकेत हैं—

परंतु उन्हें निर्णय बना दिया गया है।

वे मार्गदर्शन हैं—

परंतु उन्हें नियंत्रण बना दिया गया है।

इसलिए अंतिम सत्य अत्यंत स्पष्ट है—

ग्रह संकेतक हैं, नियंत्रक नहीं।

दिशाएँ प्रवृत्ति हैं, दंड नहीं।

उपाय साधना हैं, सौदा नहीं।

और सबसे महत्वपूर्ण—

**“भय तब तक प्रभावी है, जब तक समझ अनुपस्थित है।”**

जैसे ही समझ आती है,

भय का उद्योग समाप्त हो जाता है।

अध्याय २६

# उपाय: परिवर्तन का साधन या केवल प्रतीक?

## (ज्योतिष और वास्तु में उपायों की वास्तविक भूमिका का शास्त्रीय विवेचन)

**प्रस्तावना: उपाय—विश्वास, विज्ञान या भ्रम?**

ज्योतिष और वास्तु की चर्चा जहाँ भी होती है, वहाँ "उपाय" शब्द लगभग अनिवार्य रूप से उपस्थित रहता है।

ग्रह अनुकूल नहीं—तो उपाय।

दिशा असंतुलित—तो उपाय।

जीवन में बाधा—तो उपाय।

परंतु इस निरंतरता के बीच एक अत्यंत महत्वपूर्ण और अक्सर अनदेखा किया गया प्रश्न उठता है—

**क्या उपाय वास्तव में भाग्य को बदलते हैं, या वे केवल मन और आचरण को संतुलित करते हैं?**

यदि उपाय को चमत्कार के रूप में देखा जाए, तो वह अंधविश्वास बन सकता है।

यदि उसे शास्त्रीय संतुलन के रूप में समझा जाए, तो वह आत्म-विकास का साधन बन सकता है।

इसलिए उपाय का सही अर्थ समझना आवश्यक है।

**"उपाय समस्या से भागने का मार्ग नहीं, उसके समीप जाकर संतुलन स्थापित करने की प्रक्रिया है।"**

**उपाय का शाब्दिक और दार्शनिक अर्थ**

"उपाय" शब्द संस्कृत धातु से बना है—

**'उप' (निकट) + 'आय' (गमन)**

अर्थात्—

**समस्या से दूर जाना नहीं, बल्कि उसके निकट जाकर उसे समझना और संतुलित करना।**

यह व्याख्या अत्यंत महत्वपूर्ण है, क्योंकि यह उपाय को जादुई क्रिया से हटाकर एक **सजग प्रक्रिया** में परिवर्तित करती है।

इस दृष्टि से उपाय बाहरी नहीं, आंतरिक यात्रा का आरंभ है।

**शास्त्रीय आधार: उपाय साधना है, सौदा नहीं**

सनातन शास्त्रों में उपायों का उल्लेख स्पष्ट रूप से मिलता है—

यज्ञ, दान, तप, व्रत, सेवा।

परंतु इनका उद्देश्य किसी दैवी सत्ता को "प्रसन्न" करना नहीं, बल्कि चेतना को परिष्कृत करना है।

भगवद्गीता का यह वाक्य इस संदर्भ में अत्यंत स्पष्ट है—

**"यज्ञदानतपःकर्म न त्याज्यं कार्यमेव तत्।"**[111]

अर्थात् यज्ञ, दान और तप त्यागने योग्य नहीं; वे कर्तव्य हैं।

यहाँ उपाय का स्वरूप स्पष्ट है—

यह **अनुशासन है**,

यह **साधना है**,

यह **आंतरिक परिवर्तन की प्रक्रिया है**।

**"जहाँ उपाय कर्तव्य बनता है, वहाँ वह साधना है; जहाँ वह लेन-देन बनता है, वहाँ वह व्यापार है।"**

### उपाय कब वास्तव में प्रभावी होते हैं?

उपाय का प्रभाव केवल उसकी बाहरी क्रिया पर निर्भर नहीं करता, बल्कि उसके साथ जुड़ी चेतना पर निर्भर करता है।

जब उपाय तीन स्तरों पर कार्य करता है—

चेतना, आचरण और दृष्टि—तभी वह प्रभावी होता है।

चार प्रमुख आयाम इस प्रभाव को स्पष्ट करते हैं—

- जब उपाय आंतरिक अनुशासन और नियमितता उत्पन्न करे।
- जब वह नकारात्मक प्रवृत्तियों को सकारात्मक कर्म में परिवर्तित करे।
- जब वह अहंकार को विनम्रता में रूपांतरित करे।
- जब वह भय को आत्मबल और स्पष्टता में बदल दे।

[111] भगवद्गीता 18.5

यदि ये परिवर्तन नहीं होते, तो उपाय केवल क्रिया बनकर रह जाता है।

**"उपाय का प्रभाव बाहरी परिणाम से नहीं, आंतरिक परिवर्तन से मापा जाना चाहिए।"**

**प्रतीकात्मक उपाय: अर्थ और सीमा**

अनेक उपाय प्रतीकात्मक होते हैं—

दीप प्रज्वलन, जल अर्पण, मंत्र-जप, दान।

इनका महत्व इस बात में नहीं कि वे "क्या बदलते हैं",

बल्कि इस बात में है कि वे **मन को कैसे प्रभावित करते हैं।**

दीप प्रज्वलन प्रकाश का प्रतीक है—

अंधकार के मध्य जागरूकता का संकेत।

जल अर्पण शुद्धि का प्रतीक है—

अहंकार से विनम्रता की ओर गति।

दान त्याग का प्रतीक है—

संग्रह से संतुलन की ओर यात्रा।

परंतु यहाँ एक सूक्ष्म भेद समझना आवश्यक है—

**"प्रतीक तब तक सार्थक है, जब तक उसका अर्थ जीवित है; अर्थ समाप्त होते ही प्रतीक केवल क्रिया रह जाता है।"**

## ग्रह और उपाय: परिवर्तन बाहर नहीं, भीतर

यदि ग्रहों को शास्त्रीय दृष्टि से देखा जाए, तो वे समय की प्रवृत्तियों के संकेतक हैं।

इसलिए ग्रहों के लिए किए गए उपाय—

दान, जप या अनुशासन—ग्रह को नहीं बदलते,

**व्यक्ति के स्वभाव को संतुलित करते हैं।**

उदाहरण के लिए—

यदि शनि धैर्य, कर्म और अनुशासन का प्रतीक है,

तो शनि-संबंधी उपाय व्यक्ति में धैर्य और संयम विकसित करने का माध्यम हो सकते हैं।

यहाँ प्रक्रिया स्पष्ट है—

ग्रह → संकेत

उपाय → अभ्यास

परिणाम → स्वभाव में परिवर्तन

**"ग्रह संकेत देते हैं; उपाय उस संकेत को जीवन में उतारने का माध्यम बनते हैं।"**

## वास्तु में उपायः प्रतीक और व्यवहार का संतुलन

वास्तु में उपाय दो प्रकार के होते हैं—

**(१) व्यावहारिक (Practical)**

जैसे—प्रकाश बढ़ाना, वायु का प्रवाह सुधारना, जल का संतुलन।

**(२) प्रतीकात्मक (Symbolic)**

जैसे—विशेष वस्तुएँ, रंग या चिह्न।

यदि कोई स्थान अंधकारमय है और वहाँ प्रकाश बढ़ाया जाए, तो उसका प्रभाव स्पष्ट और वैज्ञानिक है।

परंतु यदि केवल प्रतीकात्मक वस्तुएँ रखकर मूल समस्या को अनदेखा कर दिया जाए, तो संतुलन अधूरा रहेगा।

**"वास्तु का समाधान संरचना से आता है, प्रतीक से नहीं— प्रतीक केवल सहायक हो सकता है।"**

## मन की भूमिकाः अंतिम निर्णायक

अमृतबिन्द उपनिषद् का यह वाक्य उपाय की सीमा और शक्ति दोनों को स्पष्ट करता है—

**"मन एव मनुष्याणां कारणं बन्धमोक्षयोः।"**[112]

यदि मन असंतुलित है, तो कोई भी उपाय पर्याप्त नहीं।

यदि मन संतुलित है, तो साधारण उपाय भी प्रभावी हो सकता है।

यहाँ एक गहरा निष्कर्ष उभरता है—

---

[112] अमृतबिन्द उपनिषद् 2

**“उपाय बाहर से प्रारंभ होता है, परंतु उसका परिणाम भीतर निर्धारित होता है।”**

## भय और उपाय का बाजारीकरण

जब उपाय को भय के साथ जोड़ा जाता है, तब वह शास्त्रीय नहीं रहता।

यदि यह कहा जाए कि—

“यह उपाय न किया तो समस्या बढ़ेगी”

तो यह चेतावनी नहीं,

**भय का निर्माण है।**

ऐसी स्थिति में उपाय साधना नहीं,

निर्भरता का माध्यम बन जाता है।

**“जहाँ उपाय भय पर आधारित हो, वहाँ वह शास्त्र नहीं, व्यापार है।”**

## समत्व: उपाय की अंतिम कसौटी

भगवद्गीता का यह सूत्र उपाय की प्रभावशीलता का अंतिम मानदंड है—

**"समत्वं योग उच्यते।"**[113]

यदि उपाय के बाद—

[113] भगवद्गीता 2.48

मन शांत हो,

दृष्टि स्पष्ट हो,

और प्रतिक्रिया संतुलित हो—

तो वह उपाय प्रभावी है।

यदि उपाय के बाद भी—

भय बना रहे,

निर्भरता बढ़े,

और असंतुलन बना रहे—

तो वह केवल प्रतीकात्मक क्रिया है।

## अध्याय का निष्कर्ष: उपाय का वास्तविक अर्थ

उपाय न तो चमत्कार हैं,

न ही निरर्थक अनुष्ठान।

वे चेतना को संतुलित करने के साधन हैं—

जब उन्हें सही दृष्टि से समझा जाए।

उनका सार अत्यंत स्पष्ट है—

ग्रह नहीं बदलते;

**दृष्टि बदलती है।**

दिशा नहीं बदलती;

**अनुभव बदलता है।**

परिस्थिति नहीं बदलती;

**प्रतिक्रिया बदलती है।**

**"उपाय का वास्तविक उद्देश्य भाग्य बदलना नहीं, स्वयं को संतुलित करना है।"**

और जब यह समझ स्थापित हो जाती है,

तब उपाय बाहरी क्रिया नहीं रहता—

वह **आंतरिक जागरण की प्रक्रिया** बन जाता है।

# अध्याय २७

# आधा ज्ञान: जब सत्य भ्रम में बदल जाता है

## (ज्योतिष और वास्तु—वे क्या नहीं हैं, इसका निर्णायक विवेचन)

**प्रस्तावना: समस्या अज्ञान नहीं, अधूरा ज्ञान है**

अज्ञान एक स्वाभाविक अवस्था है—वह प्रश्न उत्पन्न करता है।

परंतु आधा ज्ञान एक खतरनाक अवस्था है—वह निष्कर्ष उत्पन्न करता है।

अज्ञान पूछता है—"मुझे समझाओ।"

आधा ज्ञान कहता है—"मुझे पता है।"

यहीं से भ्रम आरंभ होता है।

ज्योतिष और वास्तु जैसे गहन विषयों में यह समस्या और अधिक गंभीर हो जाती है।

क्योंकि यहाँ प्रतीक, संकेत और दार्शनिक भाषा को यदि अधूरा समझ लिया जाए, तो वह सीधे भय, भ्रम और अंधविश्वास में परिवर्तित हो सकता है।

**"अज्ञान खोज की शुरुआत है, पर आधा ज्ञान खोज का अंत कर देता है।"**

## शास्त्र की भाषा: संकेत, न कि आदेश

सनातन शास्त्र आदेश नहीं देते—वे संकेत देते हैं।

ग्रहों का उल्लेख है, दिशाओं का वर्णन है, दोष और संतुलन की चर्चा है—

परंतु इन सबका स्वरूप प्रतीकात्मक है, शाब्दिक नहीं।

महाभारत का यह वाक्य इस सत्य को अत्यंत स्पष्ट करता है—

**"धर्मस्य तत्त्वं निहितं गुहायाम्।"**[114]

धर्म का तत्त्व गूढ़ है—

अर्थात् वह सतह पर नहीं मिलता।

यदि इस गूढ़ता को समझे बिना केवल शब्दों को पकड़ लिया जाए,

तो अर्थ बदल जाता है।

**"जहाँ शास्त्र संकेत देते हैं, वहाँ आधा ज्ञान आदेश बना देता है।"**

## अंधविश्वास कैसे जन्म लेता है?

अंधविश्वास अचानक उत्पन्न नहीं होता।

वह एक प्रक्रिया है—धीरे-धीरे विकसित होने वाली।

---

[114] महाभारत, वनपर्व 313.117

चार स्पष्ट चरणों में इसे समझा जा सकता है—

- जटिल सिद्धांत को अत्यधिक सरल बना देना।
- संकेत और कारण के बीच का अंतर मिटा देना।
- व्यक्तिगत उत्तरदायित्व को बाहरी शक्तियों पर डाल देना।
- भय को निर्णय का आधार बना लेना।

इन चारों के संयोजन से एक ऐसा ढाँचा बनता है जहाँ—

व्यक्ति सोचता कम है,

और मानता अधिक है।

**"जहाँ प्रश्न समाप्त हो जाते हैं, वहाँ अंधविश्वास प्रारंभ होता है।"**

### ज्योतिष: भविष्यवाणी नहीं, प्रवृत्ति का अध्ययन

आधा ज्ञान ज्योतिष को भविष्य बताने वाला विज्ञान बना देता है।

पूर्ण ज्ञान उसे **समय की प्रवृत्तियों का अध्ययन** मानता है।

यदि कोई कहे—

"शनि है, इसलिए कष्ट निश्चित है"

तो यह अधूरा ज्ञान है।

शास्त्रीय दृष्टि कहती है—

शनि अनुशासन, कर्म और धैर्य का संकेत है।

अब दो दृष्टियाँ संभव हैं—

एक—भय की: "कष्ट आएगा"

दूसरी—विवेक की: "धैर्य और अनुशासन की आवश्यकता है"

**"ग्रह परिणाम नहीं बताते, वे प्रतिक्रिया की आवश्यकता बताते हैं।"**

## वास्तुः दोष नहीं, संतुलन का विज्ञान

वास्तु को लेकर भी यही समस्या दिखाई देती है।

यदि किसी घर में असंतुलन है—प्रकाश का अभाव, वायु का अवरोध—

तो उसे सुधारा जा सकता है।

परंतु जब—

हर असुविधा को "गंभीर दोष" कहा जाए,

हर दिशा को भय का कारण बनाया जाए—

तो वास्तु विज्ञान नहीं,

**चिंता का स्रोत** बन जाता है।

सत्य यह है—

कोई भी स्थान पूर्ण नहीं होता।

संतुलन निरंतर प्रक्रिया है।

**"वास्तु का उद्देश्य भय उत्पन्न करना नहीं, संतुलन को समझाना है।"**

## उपनिषद की दृष्टि: प्रश्न ही मार्ग है

उपनिषदों की सबसे बड़ी विशेषता यह है कि वे प्रश्नों को रोकते नहीं,

बल्कि प्रोत्साहित करते हैं।

बृहदारण्यक उपनिषद् का यह वाक्य—

**"नेति नेति।"**[115]

अर्थात्—"यह नहीं, वह नहीं"—

संकेत करता है कि सत्य को समझने के लिए निरंतर परीक्षण आवश्यक है।

आधा ज्ञान इस प्रक्रिया को रोक देता है।

पूर्ण ज्ञान इसे स्वीकार करता है।

**"सत्य को जानने का मार्ग उत्तर नहीं, प्रश्न हैं।"**

## मनोवैज्ञानिक आयाम: सरल उत्तर का आकर्षण

मानव मन जटिलता से बचना चाहता है।

वह सरल उत्तरों की ओर आकर्षित होता है।

यदि किसी कठिन परिस्थिति का कारण यह कह दिया जाए—

"यह ग्रह का प्रभाव है"

तो मन को तत्काल एक उत्तर मिल जाता है।

---

[115] बृहदारण्यक उपनिषद् 2.3.6

परंतु यह उत्तर—

समझ नहीं देता,

केवल **संतोष का भ्रम** देता है।

**"सरल उत्तर अक्सर सही नहीं होते, और सही उत्तर अक्सर सरल नहीं होते।"**

### ज्ञान बनाम निष्कर्ष

यहाँ एक सूक्ष्म परंतु निर्णायक अंतर है—

ज्ञान प्रक्रिया है।

निष्कर्ष अंतिम बिंदु है।

आधा ज्ञान निष्कर्ष देता है—

"यह ऐसा ही है।"

पूर्ण ज्ञान प्रक्रिया देता है—

"इसे ऐसे भी देखा जा सकता है।"

गीता का यह सूत्र इसी संतुलन को दर्शाता है—

**"समत्वं योग उच्यते।"**[116]

संतुलन ही योग है—

ज्ञान का भी, निर्णय का भी।

[116] भगवद्गीता 2.48

## ज्योतिष और वास्तु: वे क्या नहीं हैं

अब इस अध्याय का सबसे महत्वपूर्ण भाग—

ज्योतिष और वास्तु को समझने के लिए यह जानना आवश्यक है कि वे क्या *नहीं* हैं।

वे भाग्य के नियंत्रक नहीं हैं।

वे भय उत्पन्न करने वाले उपकरण नहीं हैं।

वे निश्चित भविष्यवाणी करने वाली प्रणाली नहीं हैं।

वे निर्णय का स्थान नहीं लेते।

वे केवल—

समय का संकेत हैं।

स्थान का संतुलन हैं।

और चेतना के लिए एक दर्पण हैं।

**"जब हम यह समझ लेते हैं कि ये क्या नहीं हैं, तभी हम समझ पाते हैं कि ये वास्तव में क्या हैं।"**

## उत्तरदायित्व: अंतिम सत्य

आधा ज्ञान उत्तरदायित्व को बाहर ले जाता है।

पूर्ण ज्ञान उसे भीतर वापस लाता है।

गीता का यह वाक्य इस अध्याय का अंतिम आधार है—

**"उद्धरेदात्मनात्मानं नात्मानमवसादयेत्।"**[117]

---

[117] भगवद्गीता 6.5

मनुष्य स्वयं को उठाए।

यह घोषणा स्पष्ट करती है—

निर्णायक बाहरी शक्ति नहीं,

**स्वयं मनुष्य है।**

### अध्याय का निष्कर्ष: भ्रम से विवेक की ओर

आधा ज्ञान अंधविश्वास को जन्म देता है।

पूर्ण ज्ञान विवेक को।

अज्ञान प्रश्न उत्पन्न करता है।

आधा ज्ञान भ्रम उत्पन्न करता है।

संतुलित ज्ञान स्पष्टता उत्पन्न करता है।

और अंततः—

**"सच्चा ज्ञान आपको निर्भर नहीं बनाता, वह आपको स्वतंत्र बनाता है।"**

जब यह समझ स्थापित हो जाती है,

तब ज्योतिष और वास्तु भय का कारण नहीं रहते—

वे आत्मबोध के साधन बन जाते हैं।

भाग ८

# संरचना से चेतना तक

# अध्याय २८

# प्रारब्ध की स्वीकृति: पराजय नहीं, परिपक्वता का शास्त्रीय विज्ञान

## प्रस्तावना: प्रारब्ध की धारणा और उसकी सीमाएँ

"प्रारब्ध" शब्द सुनते ही अधिकांश लोगों के मन में एक कठोर, स्थिर और कभी-कभी भयावह छवि उभरती है—मानो जीवन पहले से निर्धारित एक ऐसी पटकथा हो जिसमें मनुष्य केवल पात्र है, कर्ता नहीं। यह दृष्टि मनुष्य की चेतना को सीमित कर देती है और उसे अपने ही जीवन में निष्क्रिय बना देती है।

किन्तु सनातन दर्शन इस धारणा को स्वीकार नहीं करता। वह प्रारब्ध को किसी दंडात्मक ईश्वर की मनमानी व्यवस्था नहीं, बल्कि स्वयं के कर्मों की परिपक्व अभिव्यक्ति के रूप में देखता है। यहाँ कोई बाहरी न्यायालय नहीं, बल्कि एक आंतरिक संतुलन-प्रक्रिया कार्य कर रही है।

बृहदारण्यक उपनिषद् का यह वचन इस सत्य को अत्यंत स्पष्टता से उद्घाटित करता है—

**"यथा कर्मा तथा भवति।"**[118]

---

[118] बृहदारण्यक उपनिषद् 4.4.5।

अर्थात् जैसा कर्म, वैसा परिणाम।

यह वाक्य केवल नैतिक उपदेश नहीं, बल्कि अस्तित्व का नियम है। प्रारब्ध उसी नियम का वह सक्रिय आयाम है, जो वर्तमान जीवन में अनुभव बनकर प्रकट हो रहा है।

### प्रारब्ध का दार्शनिक स्वरूप: अनिवार्यता नहीं, परिपक्व परिणति

प्रारब्ध को समझने के लिए यह भेद अत्यंत आवश्यक है कि यह "पूर्वनिर्धारित भाग्य" नहीं, बल्कि "पूर्वकृत कर्म का परिपक्व परिणाम" है।

यह उस बीज के समान है जिसे कभी बोया गया था और जो अब अंकुरित हो चुका है। बीज बोने के बाद उसका अंकुरण रोकना कठिन हो सकता है, परंतु उस अंकुर के विकास, दिशा और फलन को वर्तमान परिस्थितियाँ और प्रयास प्रभावित कर सकते हैं।

इस प्रकार—

प्रारब्ध का क्षेत्र है अनुभव।

पुरुषार्थ का क्षेत्र है प्रतिक्रिया।

यही सूक्ष्म अंतर जीवन को नियतिवाद की कठोरता से मुक्त करता है और उसे एक जीवंत, गतिशील प्रक्रिया के रूप में स्थापित करता है।

### स्वीकृति का वास्तविक अर्थ: निष्क्रिय समर्पण नहीं, जागरूक सहभागिता

स्वीकृति को प्रायः गलत अर्थों में ग्रहण किया जाता है। इसे हार मान लेना, परिस्थितियों के आगे झुक जाना या निष्क्रिय हो जाना समझ लिया जाता है।

परंतु शास्त्रीय दृष्टि में स्वीकृति का अर्थ है—

**वास्तविकता को स्पष्ट रूप से देखना और उसके साथ सजगता के साथ जीना।**

भगवद्गीता इस संतुलन को अत्यंत सूक्ष्मता से व्यक्त करती है—

**"सुखदुःखे समे कृत्वा लाभालाभौ जयाजयौ।"**[119]

यहाँ समता का अर्थ यह नहीं कि जीवन में सुख और दुःख समाप्त हो जाएँ, बल्कि यह कि उनका प्रभाव चेतना को असंतुलित न करे।

अतः—

स्वीकृति पराजय नहीं है।

स्वीकृति चेतना की परिपक्वता है।

## प्रारब्ध और पुरुषार्थ: विरोध नहीं, समन्वय

जीवन की गहरी समझ यह है कि प्रारब्ध और पुरुषार्थ परस्पर विरोधी नहीं, बल्कि एक ही प्रक्रिया के दो पूरक आयाम हैं।

प्रारब्ध वह है—जो हमें दिया गया है।

पुरुषार्थ वह है—जो हम उसके साथ करते हैं।

इस संतुलन को निम्न बिंदुओं में समझा जा सकता है:

- जन्म और प्रारंभिक परिस्थितियाँ प्रारब्ध का भाग हो सकती हैं।
- प्रतिक्रिया और दृष्टिकोण पुरुषार्थ का क्षेत्र हैं।
- सीमाएँ प्रारब्ध का संकेत हो सकती हैं, पर संभावनाएँ पुरुषार्थ से निर्मित होती हैं।

[119] भगवद्गीता 2.38।

- अनुभव अनिवार्य हो सकते हैं, पर उनके अर्थ का चयन स्वतंत्र हो सकता है।

यदि व्यक्ति केवल प्रारब्ध को देखता है, तो वह असहाय हो जाता है।

यदि वह केवल पुरुषार्थ को देखता है, तो वह यथार्थ से कट सकता है।

संतुलन ही परिपक्कता है।

## कठिन अनुभवः दंड नहीं, आंतरिक परिष्कार का माध्यम

जीवन में आने वाली कठिनाइयों को प्रायः दंड के रूप में देखा जाता है। परंतु शास्त्रीय दृष्टि उन्हें आत्म-विकास और परिष्कार के अवसर के रूप में देखती है।

सुख मन को संतोष देता है,

पर दुःख उसे गहराई देता है।

सुख बाहरी संतुलन देता है,

पर दुःख आंतरिक प्रश्न उत्पन्न करता है।

यही प्रश्न मनुष्य को आत्मचिंतन और आत्मबोध की दिशा में अग्रसर करते हैं।

अतः प्रारब्ध का कठिन पक्ष भी निरर्थक नहीं; वह चेतना की परिपक्कता का साधन बन सकता है।

## स्वीकृति और आत्मबलः आंतरिक शक्ति का उदय

जब व्यक्ति अपनी परिस्थिति को स्पष्टता के साथ स्वीकार करता है, तब उसके भीतर एक नई शक्ति का जन्म होता है—आत्मबल।

यह आत्मबल अंधे संघर्ष से उत्पन्न नहीं होता, बल्कि समझ पर आधारित होता है। अब व्यक्ति परिस्थितियों से लड़ता नहीं, बल्कि उन्हें समझकर उनके भीतर कार्य करता है।

भगवद्गीता का यह वाक्य इस बिंदु को अत्यंत स्पष्ट करता है—

**"उद्धरेदात्मनात्मानं नात्मानमवसादयेत्।"**[120]

अर्थात् मनुष्य स्वयं को ऊपर उठा सकता है; स्वयं को गिराना भी उसके हाथ में है।

यहाँ स्पष्ट है—

प्रारब्ध परिस्थिति देता है,

पर उत्थान का निर्णय व्यक्ति का है।

## काल का आयाम: परिवर्तन की अनिवार्य गति

प्रारब्ध स्थायी नहीं है। वह समय के साथ प्रकट होता है और समय के साथ समाप्त भी होता है।

जैसे ऋतुएँ बदलती हैं,

वैसे ही जीवन के अनुभव भी परिवर्तित होते हैं।

यदि जीवन का कोई चरण कठिन है, तो वह अनंत नहीं।

यदि कोई चरण अनुकूल है, तो वह भी स्थायी नहीं।

यह समझ व्यक्ति में धैर्य और संतुलन उत्पन्न करती है।

[120] भगवद्गीता 6.5।

## आध्यात्मिक दृष्टि: प्रारब्ध से परे आत्मा का बोध

उपनिषदों की घोषणा इस अध्याय का सबसे गहरा आधार है—

**"असंगो ह्ययं पुरुषः।"**[121]

आत्मा असंग है।

इसका अर्थ यह है कि प्रारब्ध देह और मन के स्तर पर कार्य करता है, पर आत्मा उसके पार स्थित है।

जब यह बोध जागृत होता है, तब स्वीकृति केवल मानसिक नहीं रहती; वह आध्यात्मिक गहराई प्राप्त कर लेती है।

## अध्याय का निष्कर्ष: स्वीकृति से स्वतंत्रता की ओर

प्रारब्ध को स्वीकार करना पराजय नहीं है; यह जीवन को उसके वास्तविक स्वरूप में देखने की क्षमता है।

प्रारब्ध परिस्थिति है।

पुरुषार्थ दिशा है।

समत्व संतुलन है।

जब ये तीनों एक साथ समझ में आते हैं, तब जीवन संघर्ष से साधना में परिवर्तित हो जाता है।

यही स्वीकृति का विज्ञान है।

यही परिपक्वता का प्रारंभ है।

[121] बृहदारण्यक उपनिषद् 4.3.15।

# अध्याय २९

# पुरुषार्थः भविष्य की पुनर्रचना

## प्रस्तावनाः नियति और निर्माण के बीच मनुष्य

मानव-जीवन का एक गहन और निर्णायक प्रश्न यह है कि क्या हम केवल परिस्थितियों के परिणाम हैं, या हम अपने जीवन के निर्माता भी हैं? यदि प्रारब्ध हमें एक निश्चित स्थिति में स्थापित करता है, तो क्या उससे आगे की दिशा भी पूर्वनिर्धारित है, अथवा वह हमारे चयन और प्रयासों से निर्मित होती है?

सनातन दर्शन इस प्रश्न का उत्तर किसी एकांगी सिद्धांत में नहीं देता। वह यह नहीं कहता कि सब कुछ नियति है, और न ही यह कहता है कि सब कुछ पूर्णतः स्वतंत्र है। वह एक संतुलित दृष्टि प्रस्तुत करता है—जहाँ प्रारब्ध पृष्ठभूमि है और पुरुषार्थ निर्माण की सक्रिय प्रक्रिया।

यही पुरुषार्थ मनुष्य को मात्र अनुभवकर्ता से सृजक बनाता है। यही वह बिंदु है जहाँ जीवन निष्क्रिय भोग से सक्रिय सहभागिता में परिवर्तित होता है।

## पुरुषार्थ का वास्तविक अर्थ: कर्म से अधिक चेतना

"पुरुषार्थ" शब्द का सामान्य अर्थ प्रयास या कर्म समझा जाता है, परंतु शास्त्रीय अर्थ इससे कहीं अधिक गहन है। पुरुषार्थ केवल क्रिया नहीं, बल्कि सजग क्रिया है; केवल प्रयास नहीं, बल्कि विवेकपूर्ण प्रयास है।

यह वह क्षमता है जिसके माध्यम से मनुष्य अपने भीतर और बाहर दोनों स्तरों पर परिवर्तन उत्पन्न कर सकता है। यह केवल बाहरी उपलब्धियों तक सीमित नहीं, बल्कि आंतरिक परिष्कार का भी साधन है।

इस प्रकार पुरुषार्थ का क्षेत्र केवल "क्या किया" तक सीमित नहीं, बल्कि "कैसे और किस भाव से किया" तक विस्तृत है।

## चार पुरुषार्थ: जीवन की संतुलित संरचना

सनातन परंपरा में पुरुषार्थ को चार मूल आयामों में व्यवस्थित किया गया है—धर्म, अर्थ, काम और मोक्ष। ये केवल लक्ष्य नहीं, बल्कि जीवन के संतुलन की संरचना हैं।

धर्म जीवन को दिशा देता है—वह नैतिक और आंतरिक आधार है।

अर्थ साधनों का प्रबंधन करता है—वह जीवन की संरचना को स्थिरता देता है।

काम प्रेरणा और इच्छा का आयाम है—वह गति और ऊर्जा प्रदान करता है।

मोक्ष अंतिम उद्देश्य है—वह बंधन से परे जाने का संकेत देता है।

जब ये चारों संतुलित होते हैं, तब जीवन समन्वित और परिपक्व होता है। यदि इनमें असंतुलन हो, तो संघर्ष, भ्रम और अतिरेक उत्पन्न होते हैं।

इस प्रकार पुरुषार्थ केवल प्रयास नहीं; संतुलित जीवन-निर्माण की कला है।

## भविष्यः स्थिर परिणाम नहीं, गतिशील संभावना

मानव-मन प्रायः भविष्य को या तो पूर्णतः निश्चित मान लेता है या पूर्णतः अनिश्चित। परंतु शास्त्रीय दृष्टि इन दोनों अतियों से बचती है।

भगवद्गीता का यह प्रसिद्ध वचन इस संतुलन को स्पष्ट करता है—

**"कर्मण्येवाधिकारस्ते मा फलेषु कदाचन।"**[122]

अर्थात् मनुष्य का अधिकार कर्म पर है, फल पर नहीं।

यह वाक्य केवल त्याग का उपदेश नहीं, बल्कि गहन दार्शनिक उद्‌घोष है। यदि कर्म का अधिकार है, तो परिणाम की दिशा भी कर्म से प्रभावित हो सकती है।

अतः भविष्य कोई स्थिर रेखा नहीं, बल्कि संभावनाओं का क्षेत्र है, जिसे पुरुषार्थ क्रमिक रूप से आकार देता है।

## पुनर्रचना की प्रक्रियाः परिवर्तन का अनुशासन

भविष्य की पुनर्रचना आकस्मिक नहीं होती; वह एक अनुशासित और सतत प्रक्रिया है। इसे चार चरणों में समझा जा सकता है—

- **स्वीकृति** — वर्तमान परिस्थिति को बिना भ्रम के देखना।
- **आत्मचिंतन** — अपनी प्रवृत्तियों, सीमाओं और संभावनाओं को समझना।
- **निर्णय** — सजगता के साथ दिशा का चयन करना।
- **निरंतरता** — उस चयन पर स्थिर रहते हुए निरंतर प्रयास करना।

---

[122] भगवद्गीता 2.47।

इन चारों चरणों का संयोजन पुरुषार्थ को प्रभावी बनाता है। यदि इनमें से कोई एक भी अनुपस्थित हो, तो प्रयास असंतुलित हो सकता है।

## ज्योतिष और पुरुषार्थः संकेत और सहभागिता

यदि ज्योतिष समय की प्रवृत्तियों को दर्शाता है, तो पुरुषार्थ उन प्रवृत्तियों के भीतर सजग प्रतिक्रिया है।

उदाहरणतः यदि किसी काल में चुनौती अधिक है, तो धैर्य, अनुशासन और संयम की आवश्यकता बढ़ जाती है। यदि समय अनुकूल है, तो विनम्रता, संतुलन और सतर्कता आवश्यक हो जाती है।

इस प्रकार—

ज्योतिष दिशा दिखाता है,

परंतु चलना मनुष्य को ही होता है।

यदि संकेत को नियति मान लिया जाए, तो पुरुषार्थ समाप्त हो जाता है। यदि संकेत को मार्गदर्शन माना जाए, तो पुरुषार्थ सशक्त हो जाता है।

## वास्तु और पुनर्संतुलनः बाहरी से आंतरिक तक

वास्तु का उद्देश्य केवल भवन की संरचना नहीं, बल्कि जीवन के संतुलन को समझना है। यदि स्थान में असंतुलन है—प्रकाश, वायु या विस्तार का—तो उसे सुधारा जा सकता है।

परंतु यह सुधार तभी स्थायी होता है जब मन की संरचना भी संतुलित हो।

यदि बाहरी परिवर्तन हो और आंतरिक दृष्टि अपरिवर्तित रहे, तो परिणाम सीमित रहेगा।

यदि दोनों का समन्वय हो, तो परिवर्तन गहरा और स्थायी होगा।

इस प्रकार वास्तु और पुरुषार्थ परस्पर विरोधी नहीं; पूरक हैं।

## शास्त्रीय दृष्टि: पुरुषार्थ और दैव का संबंध

महाभारत में एक अत्यंत महत्वपूर्ण विचार प्रस्तुत किया गया है—

**"पुरुषकारो हि दैवं मन्यते।"**[123]

अर्थात् पुरुषार्थ ही दैव को रूप देता है।

यह कथन यह संकेत करता है कि दैव और प्रयास विरोधी नहीं हैं। दैव वह है जो उपलब्ध है; पुरुषार्थ वह है जो उससे निर्मित होता है।

इस प्रकार भविष्य केवल दैव का परिणाम नहीं, बल्कि दैव और पुरुषार्थ के संवाद का परिणाम है।

## आत्मबल और निर्माण की क्षमता

जब मनुष्य यह समझता है कि वह अपने जीवन की दिशा को प्रभावित कर सकता है, तब उसके भीतर आत्मबल उत्पन्न होता है।

यह आत्मबल अंधा उत्साह नहीं, बल्कि समझ पर आधारित स्थिरता है।

यह उसे परिस्थितियों का शिकार बनने से रोकता है और उसे सहभागी बनाता है।

---

[123] महाभारत, उद्योगपर्व संदर्भ।

पुरुषार्थ का वास्तविक अर्थ यही है—

जीवन को केवल सहना नहीं,

उसे सजगता से गढ़ना।

## नैतिक आयाम: पुरुषार्थ का संतुलन

पुरुषार्थ केवल सफलता का साधन नहीं है; वह नैतिक उत्तरदायित्व भी है।

यदि प्रयास केवल स्वार्थपूर्ण हो, तो वह असंतुलन उत्पन्न कर सकता है।

यदि वह धर्म-सम्मत हो, तो वह स्थिरता और संतुलन प्रदान करता है।

गीता का यह वाक्य यहाँ भी मार्गदर्शक है—

**"समत्वं योग उच्यते।"**[124]

संतुलन के बिना पुरुषार्थ भी अतिरेक बन सकता है।

## अध्याय का निष्कर्ष: मनुष्य सह-निर्माता है

प्रारब्ध जीवन का प्रारंभिक बिंदु है।

पुरुषार्थ उसकी दिशा है।

संतुलन उसका आधार है।

---

[124] भगवद्गीता 2.48।

भविष्य शून्य से उत्पन्न नहीं होता; वह वर्तमान के निर्णयों से निर्मित होता है।

अतः मनुष्य केवल परिस्थितियों का परिणाम नहीं—

वह अपने जीवन का सह-निर्माता है।

यही पुरुषार्थ का सार है।

यही भविष्य की पुनर्रचना का विज्ञान है।

# अध्याय ३०

# ज्योतिष और वास्तु से परे — चेतना का आयाम

## प्रस्तावना: संरचना की सीमा और खोज का अंतिम चरण

इस ग्रंथ की यात्रा हमें समय, स्थान और कर्म की सूक्ष्म संरचनाओं तक लेकर आई है। हमने देखा कि ज्योतिष समय की लय को समझाता है, वास्तु स्थान के संतुलन को, और कर्म जीवन की प्रक्रिया को। इन तीनों के माध्यम से मनुष्य अपने अनुभवों को अर्थ देने का प्रयास करता है।

किन्तु एक अंतिम प्रश्न अब भी शेष रहता है—क्या मनुष्य केवल इन संरचनाओं तक सीमित है, या वह इनके पार भी कुछ है? यदि जीवन केवल ग्रहों, दिशाओं और कर्मफल का परिणाम है, तो स्वतंत्रता का स्थान कहाँ है?

सनातन दर्शन इस प्रश्न का उत्तर अत्यंत सूक्ष्मता से देता है। वह कहता है कि संरचना महत्वपूर्ण है, पर अंतिम सत्य नहीं। इन सबको देखने वाली जो सत्ता है—वही चेतना है।

अतः यह अध्याय संरचना से साक्षी तक की यात्रा है—बाहरी विज्ञान से आंतरिक बोध तक।

## संरचना से साक्षी तक: देखने वाले का परिचय

ज्योतिष समय को पढ़ता है।

वास्तु स्थान को व्यवस्थित करता है।

कर्म अनुभवों को जोड़ता है।

परंतु इन तीनों को देखने वाला कौन है?

वह है—चेतना।

यदि समय बदलता है और हम उसे अनुभव करते हैं,

यदि स्थान बदलता है और हम उसे पहचानते हैं,

यदि कर्म फल देता है और हम उसे जीते हैं,

तो यह स्पष्ट है कि इन सबके पीछे एक साक्षी उपस्थित है—जो इन सबका अनुभव करता है, पर स्वयं इनसे बंधा नहीं।

यही साक्षी-भाव इस अध्याय का केंद्र है।

## आत्मा: काल, दिशा और कर्म से परे

उपनिषदों का एक अत्यंत गहन उद्घोष इस सत्य को स्पष्ट करता है—

**"असंगो ह्ययं पुरुषः।"**[125]

यह आत्मा असंग है।

असंग का अर्थ है—

[125] Brihadaranyaka Upanishad 4.3.15.
("असंगो ह्ययं पुरुषः" — आत्मा की असंगता और स्वतंत्र स्वरूप का वर्णन।)

जो जुड़ा हुआ प्रतीत होते हुए भी बंधा नहीं है।

आत्मा न काल से बंधी है,

न दिशा से सीमित है,

न ग्रहों से नियंत्रित है।

ग्रह मन को प्रभावित कर सकते हैं।

दिशाएँ अनुभव को प्रभावित कर सकती हैं।

कर्म परिस्थितियाँ उत्पन्न कर सकते हैं।

पर आत्मा इन सबकी साक्षी है।

जब यह बोध स्पष्ट होता है, तब भय का आधार स्वतः समाप्त हो जाता है। क्योंकि जो बंधन का अनुभव कर रहा था, वही अपने वास्तविक स्वरूप में स्वतंत्र है।

## ज्योतिष और वास्तु की अंतिम भूमिका

ज्योतिष और वास्तु का उद्देश्य कभी भी मनुष्य को निर्भर बनाना नहीं था। उनका उद्देश्य था—उसे सजग बनाना।

ज्योतिष समय की प्रवृत्तियों को दिखाता है, ताकि व्यक्ति अपने कर्म में सावधानी और संतुलन रख सके।

वास्तु स्थान के संतुलन को समझाता है, ताकि जीवन की लय सहज बनी रहे।

परंतु यदि इनका उपयोग भय उत्पन्न करने या निर्णय थोपने के लिए किया जाए, तो उनका मूल उद्देश्य विकृत हो जाता है।

शास्त्रीय दृष्टि में—

ज्योतिष मार्गदर्शक है, निर्णायक नहीं।

वास्तु सहायक है, नियंत्रक नहीं।

अंततः निर्णय चेतना को ही करना होता है।

**समत्वः चेतना का व्यावहारिक आयाम**

गीता का यह सूत्र इस अध्याय का केंद्रीय आधार है—

**"समत्वं योग उच्यते।"**[126]

समत्व ही योग है।

समत्व का अर्थ है—

परिस्थितियों के परिवर्तन के बीच चेतना का संतुलित रहना।

जब समय अनुकूल हो, तब अहंकार न बढ़े।

जब समय प्रतिकूल हो, तब धैर्य न टूटे।

जब स्थान संतुलित हो, तब कृतज्ञता बनी रहे।

जब स्थान असंतुलित हो, तब सुधार की सजगता बनी रहे।

समत्व बाहरी संरचना को नकारता नहीं, पर उससे परे एक स्थिरता प्रदान करता है।

---

[126] Bhagavad Gita 2.48.
("समत्वं योग उच्यते" — समत्व और कर्मयोग का सिद्धांत।)

## साक्षी-भाव: अनुभव से परे की स्वतंत्रता

जब व्यक्ति स्वयं को केवल अपने अनुभवों से जोड़ता है, तब वह सुख में आसक्त और दुःख में व्याकुल हो जाता है।

पर जब वह स्वयं को साक्षी के रूप में पहचानता है, तब एक नया आयाम खुलता है—

स्वतंत्रता का।

साक्षी होना भागना नहीं है।

यह पूर्ण सहभागिता के साथ आंतरिक दूरी बनाए रखना है।

यह वही स्थिति है जहाँ व्यक्ति जीवन को जीता है, पर उससे बंधता नहीं।

## वास्तु, ज्योतिष और चेतना का समन्वय

इस बिंदु पर तीनों आयामों का संतुलन स्पष्ट हो जाता है—

- ज्योतिष समय की लय को समझाता है।
- वास्तु स्थान की संरचना को संतुलित करता है।
- कर्म जीवन की दिशा को निर्धारित करता है।
- चेतना इन सबकी साक्षी बनकर स्वतंत्रता प्रदान करती है।

यदि चेतना का आयाम न समझा जाए, तो शेष तीनों सीमित रह जाते हैं।

यदि चेतना का बोध हो जाए, तो शेष तीनों साधन बन जाते हैं, बंधन नहीं।

### अंतिम बोध: आत्मा की घोषणा

उपनिषदों का महान उद्‌घोष इस यात्रा का शिखर है—

**"अहं ब्रह्मास्मि।"**[127]

अर्थात् मैं सीमित नहीं हूँ।

मैं वही चेतना हूँ जो इस संपूर्ण अनुभव को प्रकाशित कर रही है।

यह वाक्य दार्शनिक अवधारणा नहीं; अनुभव का संकेत है।

जब यह बोध जागृत होता है, तब मनुष्य स्वयं को ग्रहों, दिशाओं और परिस्थितियों से परे अनुभव करता है।

### अध्याय का निष्कर्ष: संरचना से स्वतंत्रता तक

संरचना को समझना आवश्यक है,

पर उससे बंधना आवश्यक नहीं।

समय बदलता है।

स्थान बदलता है।

पर साक्षी-चेतना स्थिर रहती है।

यही स्थिरता वास्तविक स्वतंत्रता है।

[127] Brihadaranyaka Upanishad 1.4.10.
("अहं ब्रह्मास्मि" — आत्मा और ब्रह्म की एकता का महावाक्य।)

# उपसंहार: संरचना को समझो, नियति से मत डरो

## यात्रा का सार: ज्ञान से बोध की ओर

इस ग्रंथ की संपूर्ण यात्रा एक प्रश्न से आरंभ होकर एक बोध पर समाप्त होती है। प्रारंभ में जिज्ञासा थी—क्या ज्योतिष और वास्तु वास्तव में जीवन को प्रभावित करते हैं? यदि हाँ, तो कैसे? और यदि नहीं, तो फिर उनका स्थान क्या है?

इन प्रश्नों के माध्यम से हमने समय की संरचना को समझा, दिशा और स्थान के संतुलन को परखा, कर्म के सिद्धांत का विवेचन किया, और प्रारब्ध तथा पुरुषार्थ के बीच सूक्ष्म संवाद को पहचाना।

धीरे-धीरे यह स्पष्ट होता गया कि जीवन केवल घटनाओं का क्रम नहीं, बल्कि एक व्यवस्थित लय है—जहाँ प्रत्येक अनुभव का एक संदर्भ है, प्रत्येक परिस्थिति का एक कारण है, और प्रत्येक निर्णय का एक परिणाम है।

परंतु इस समस्त अध्ययन का अंतिम उद्देश्य किसी बाहरी व्यवस्था को सिद्ध करना नहीं, बल्कि आंतरिक जागरूकता को प्रकट करना है।

इसलिए इस यात्रा का निष्कर्ष यह नहीं कि "सब कुछ निर्धारित है,"

बल्कि यह है कि—

**जीवन को समझना है, उससे भयभीत नहीं होना है।**

## संरचना का समन्वय: समय, स्थान और कर्म

ज्योतिष हमें यह सिखाता है कि समय निराकार नहीं, बल्कि प्रवृत्तियों से युक्त है। प्रत्येक कालखंड अपनी विशेष गुणवत्ता लेकर आता है—कभी अवसर के रूप में, कभी चुनौती के रूप में।

वास्तु यह बताता है कि स्थान केवल भौतिक नहीं, बल्कि अनुभवात्मक है। जिस स्थान में हम रहते हैं, उसकी संरचना हमारे मनोभावों को सूक्ष्म रूप से प्रभावित कर सकती है।

कर्म का सिद्धांत यह स्पष्ट करता है कि जीवन में जो घटित हो रहा है, वह अनियंत्रित नहीं। वह कारण और परिणाम की एक सतत श्रृंखला का भाग है।

परंतु इन तीनों के बीच एक चौथा आयाम भी है—

चेतना।

यही चेतना इन सबको जोड़ती है, इनका अनुभव करती है, और अंततः इनके पार जाने की क्षमता भी रखती है।

## अंतिम समन्वय: चार मूल सूत्र

जीवन की जटिलता को समझने के लिए अनेक सिद्धांतों की आवश्यकता प्रतीत होती है, परंतु जब उनका सार निकाला जाता है, तो वह अत्यंत सरल हो जाता है। इस संपूर्ण ग्रंथ का सार चार सूत्रों में समाहित किया जा सकता है—

- **ज्योतिष मार्गदर्शक है, भाग्य का लेखक नहीं।**
- **वास्तु संतुलन का विज्ञान है, दंड का साधन नहीं।**
- **कर्म उत्तरदायित्व है, बंधन नहीं।**
- **पुरुषार्थ निर्माण की क्षमता है, संघर्ष नहीं।**

इन चारों सूत्रों का समन्वय मनुष्य को बाहरी निर्भरता से आंतरिक स्वतंत्रता की ओर ले जाता है।

जब यह स्पष्ट हो जाता है कि ग्रह संकेतक हैं, दिशा प्रवृत्ति है, कर्म प्रक्रिया है और पुरुषार्थ अवसर है—तब भय का आधार स्वतः समाप्त हो जाता है।

## समत्वः साधना का केंद्रीय सूत्र

गीता का यह वाक्य इस उपसंहार का केंद्र है—

**"समत्वं योग उच्यते।"**[128]

समत्व ही योग है।

समत्व का अर्थ यह नहीं कि जीवन में सुख और दुःख समाप्त हो जाएँ,

बल्कि यह कि उनका प्रभाव चेतना को असंतुलित न करे।

जब व्यक्ति अनुकूलता में अहंकार से बचता है और प्रतिकूलता में निराशा से, तब वह समत्व के निकट पहुँचता है।

यह समत्व ही वह स्थिति है जहाँ—

[128] बृहदारण्यक उपनिषद् 4.3.15।

समय का उतार-चढ़ाव भी स्थिरता को भंग नहीं करता,

स्थान का असंतुलन भी मन की शांति को नहीं तोड़ता,

और कर्म का परिणाम भी आंतरिक संतुलन को नहीं विचलित करता।

यही वास्तविक साधना है।

**साक्षी का जीवन: अंतिम स्वतंत्रता**

इस ग्रंथ का अंतिम और सबसे सूक्ष्म संदेश साक्षी-भाव से संबंधित है।

उपनिषदों की घोषणा है—

**"असंगो ह्ययं पुरुषः।"**[129]

आत्मा असंग है।

अर्थात् वह अनुभवों के बीच रहते हुए भी उनसे बंधती नहीं।

वह समय के साथ चलती है, पर समय से सीमित नहीं होती।

वह स्थान में रहती है, पर स्थान से परिभाषित नहीं होती।

इसी साक्षी-भाव का परिपक्व रूप है—

**"अहं ब्रह्मास्मि।"**[130]

जब यह बोध जागृत होता है, तब मनुष्य स्वयं को केवल परिस्थितियों का परिणाम नहीं, बल्कि चेतना का प्राकट्य अनुभव करता है।

---

129 भगवद्गीता 2.48।

130 बृहदारण्यक उपनिषद् 1.4.10।

## अंतिम संदेश: भय से बोध तक

यदि इस पूरे ग्रंथ से केवल एक वाक्य स्मरण रहे, तो वह यही हो—

**"संरचना को समझो, नियति से मत डरो।"**

समय बदलता है—यह उसका स्वभाव है।

स्थान बदलता है—यह उसकी प्रकृति है।

अनुभव बदलते हैं—यह जीवन की प्रक्रिया है।

पर जो इन सबको देख रहा है—

वह चेतना स्थिर है।

उसी में स्वतंत्रता है।

उसी में शांति है।

उसी में अंतिम बोध है।

## समापन चिंतन

जीवन को समझने का अर्थ उसे नियंत्रित करना नहीं,

बल्कि उसके साथ सामंजस्य स्थापित करना है।

संरचना को जानना आवश्यक है,

पर उससे बंधना आवश्यक नहीं।

जब मनुष्य इस सूक्ष्म भेद को समझ लेता है,

तब ज्योतिष भय का विषय नहीं रहता—वह मार्गदर्शन बन जाता है।

वास्तु चिंता का कारण नहीं रहता—वह संतुलन का साधन बन जाता है।

और जीवन संघर्ष नहीं रहता—वह साधना बन जाता है।

यही इस ग्रंथ का अंतिम संदेश है।

इस ग्रंथ की संपूर्ण यात्रा एक सरल परंतु गहन सत्य की ओर संकेत करती है—

जीवन को समझना है, उससे डरना नहीं।

हमने समय को समझा,

स्थान को परखा,

कर्म का विश्लेषण किया,

प्रारब्ध और पुरुषार्थ के संतुलन को जाना।

अब यह स्पष्ट है कि इन सबका उद्देश्य भय उत्पन्न करना नहीं, बल्कि चेतना को जागृत करना है।

**अंतिम समन्वय: चार सूत्र**

जीवन के इस संतुलन को चार सरल सूत्रों में समझा जा सकता है—

- ज्योतिष मार्गदर्शक है, भाग्य का लेखक नहीं।
- वास्तु संतुलन का विज्ञान है, दंड का साधन नहीं।
- कर्म उत्तरदायित्व है, बंधन नहीं।
- पुरुषार्थ निर्माण की क्षमता है, संघर्ष नहीं।

इन चारों को समझकर मनुष्य निर्भरता से स्वतंत्रता की ओर बढ़ता है।

## समत्व और साधना

गीता का यह वाक्य इस उपसंहार का आधार है—

**"समत्वं योग उच्यते।"**[131]

संतुलन ही योग है।

यही संतुलन जीवन को स्थिरता देता है।

यही संतुलन मनुष्य को परिस्थितियों के पार देखने की क्षमता देता है।

## अंतिम संदेश: साक्षी का जीवन

यदि इस पूरे ग्रंथ से एक वाक्य स्मरण रहे, तो वह यही हो—

**"संरचना को समझो, नियति से मत डरो।"**

काल बदलता है।

स्थान बदलता है।

अनुभव बदलते हैं।

पर जो इन्हें देख रहा है—

वह चेतना स्थिर है।

---

[131] भगवद्गीता 2.48।

उसी में स्वतंत्रता है।

उसी में शांति है।

उसी में अंतिम बोध है।

# परिशिष्ट

## संदर्भ-सूची (References)

इस ग्रंथ में प्रस्तुत विचार भारतीय शास्त्रीय परंपरा, दार्शनिक विमर्श और आधुनिक चिंतन के समन्वय पर आधारित हैं। निम्नलिखित प्रमुख स्रोतों का अध्ययन और भावार्थ इस कृति के निर्माण में सहायक रहा—

- वेद (ऋग्वेद, यजुर्वेद, सामवेद, अथर्ववेद)
- उपनिषद् (बृहदारण्यक, तैत्तिरीय, छांदोग्य, कठोपनिषद्)
- भगवद्गीता
- वेदाङ्ग ज्योतिष
- मयमतम्, मानसार (वास्तु ग्रंथ)
- वाल्मीकि रामायण
- महाभारत
- पुराण (विशेषतः गरुड़ पुराण, भागवत पुराण, शिव पुराण)

इन ग्रंथों के श्लोकों और सिद्धांतों का उपयोग उनके दार्शनिक भावार्थ के आधार पर किया गया है, न कि किसी कठोर अनुवाद के रूप में।

## ग्रंथ-सूची (Bibliography)

विस्तृत अध्ययन हेतु निम्न ग्रंथों और विषयों का अवलोकन उपयोगी हो सकता है—

- वेदाङ्ग ज्योतिष – कालगणना एवं खगोलीय अध्ययन
- भारतीय वास्तु शास्त्र – मयमतम्, मानसार
- उपनिषद् – अद्वैत एवं चेतना का दर्शन
- गीता पर विभिन्न आचार्यों की टीकाएँ
- भारतीय दर्शन (सांख्य, योग, वेदांत)
- आधुनिक मनोविज्ञान (Human Behaviour & Environmental Psychology)
- खगोल विज्ञान और समय-प्रबंधन से संबंधित आधुनिक शोध

## शब्दावली (Glossary)

इस पुस्तक में प्रयुक्त कुछ प्रमुख शब्दों का संक्षिप्त अर्थ—

- **कर्म** – कारण और परिणाम का शाश्वत सिद्धांत
- **संचित** – संचित कर्मों का संग्रह
- **प्रारब्ध** – वर्तमान जीवन में फलित हो रहे कर्म
- **क्रियमाण** – वर्तमान में किए जा रहे कर्म
- **काल** – परिवर्तन और परिपक्वता का आयाम
- **पंचमहाभूत** – पृथ्वी, जल, अग्नि, वायु, आकाश
- **वास्तु** – स्थान, दिशा और ऊर्जा का संतुलन
- **ज्योतिष** – काल और प्रवृत्तियों का संकेतक विज्ञान

- **प्रारब्ध** – जीवन की प्रारंभिक परिस्थितियों का आधार
- **पुरुषार्थ** – सजग कर्म और आत्मनिर्णय की क्षमता
- **समत्व** – संतुलित दृष्टि; योग की अवस्था

## आगामी पुस्तकों की घोषणा (Upcoming Works)

लेखक द्वारा भविष्य में निम्न विषयों पर विस्तृत ग्रंथ प्रस्तुत करने की योजना है—

- **"प्रारब्ध और पुरुषार्थ: नियति का पुनर्पाठ"**
- **"ग्रह और मनः एक मनोवैज्ञानिक अध्ययन"**
- **"वास्तु से चेतना तक: स्थान और मन का विज्ञान"**
- **"संरचना से समाधान: जीवन के व्यावहारिक सूत्र"**

ये सभी कृतियाँ भारतीय ज्ञान-परंपरा को आधुनिक दृष्टि से पुनः समझने का प्रयास होंगी।

## संदर्भ-नोट (महत्वपूर्ण सूचना)

इस ग्रंथ में दिए गए शास्त्रीय संदर्भ अंतरराष्ट्रीय मानक (International Referencing System) के अनुसार प्रस्तुत किए गए हैं, जिससे पाठक मूल ग्रंथों में सटीक स्थान तक सहजता से पहुँच सकें।

भारतीय शास्त्रों में संदर्भ सामान्यतः **अध्याय, खंड/काण्ड, तथा श्लोक/मंत्र** के रूप में व्यवस्थित होते हैं। इस पुस्तक में इन्हीं पारंपरिक मानकों का उपयोग किया गया है, ताकि अध्ययन स्पष्ट, प्रामाणिक और व्यवस्थित बना रहे।

उदाहरण के रूप में—

**"बृहदारण्यक उपनिषद् 4.3.15"** का अर्थ है:
अध्याय 4, खंड (ब्राह्मण) 3, मंत्र 15।

**"भगवद्गीता 2.48"** का अर्थ है:
अध्याय 2, श्लोक 48।

इसी प्रकार अन्य ग्रंथों के संदर्भ इस प्रकार समझे जा सकते हैं—

**"ऋग्वेद 10.190.1"**
मण्डल 10, सूक्त 190, मंत्र 1।

**"तैत्तिरीय उपनिषद् 2.1.1"**
अध्याय 2, खंड 1, मंत्र 1।

**"छांदोग्य उपनिषद् 6.2.1"**
अध्याय 6, खंड 2, मंत्र 1।

**"कठोपनिषद् 1.2.7"**
अध्याय 1, वल्ली 2, मंत्र 7।

**"महाभारत, वनपर्व 313.117"**
वनपर्व, अध्याय 313, श्लोक 117।

**"वाल्मीकि रामायण, अयोध्याकाण्ड"**
अयोध्याकाण्ड के संबंधित सर्ग एवं श्लोक।

**"गरुड़ पुराण, प्रेतकल्प"**
प्रेतकल्प के संबंधित अध्याय एवं श्लोक।

**"श्रीमद्भागवत पुराण, स्कंध 10"**
स्कंध 10 के संबंधित अध्याय एवं श्लोक।

**"मयमतम् / मानसार" (वास्तु ग्रंथ)**
अध्याय एवं सूत्र संख्या के आधार पर।

**"वेदाङ्ग ज्योतिष"**
सूक्त, श्लोक अथवा गणना-सूत्र के अनुसार।

## महत्वपूर्ण स्पष्टीकरण

इस ग्रंथ में उद्‌त श्लोकों एवं सिद्धांतों का उपयोग उनके **दार्शनिक भावार्थ** के आधार पर किया गया है, न कि किसी एक निश्चित अनुवाद के शाब्दिक रूप में। विभिन्न संस्करणों (editions) में श्लोकों की संख्या या क्रम में सूक्ष्म अंतर संभव है, परंतु उनका मूल संदर्भ और तात्पर्य समान रहता है।

www.ingramcontent.com/pod-product-compliance
Lightning Source LLC
LaVergne TN
LVHW090318210926
848480LV00001B/288

* 9 7 9 8 9 0 4 7 9 5 0 8 5 *